职业院校企业文化教育通用教材

文化：企业制胜之道
——优秀企业文化读本
（修订版）

本书编写组　编

苏州大学出版社
Soochow University Press

图书在版编目(CIP)数据

文化：企业制胜之道：优秀企业文化读本/《文化：企业制胜之道》编写组编. —修订本. —苏州：苏州大学出版社，2020.8（2024.12重印）
职业院校企业文化教育通用教材
ISBN 978-7-5672-3272-3

Ⅰ.①文… Ⅱ.①文… Ⅲ.①企业文化-职业高中-教材 Ⅳ.①F272-05

中国版本图书馆 CIP 数据核字（2020）第 135122 号

书　　名	文化：企业制胜之道——优秀企业文化读本（修订版）
主　　编	何语华
责任编辑	史创新
装帧设计	刘　俊
出版发行	苏州大学出版社（Soochow University Press）
社　　址	苏州市十梓街1号　邮编：215006
印　　刷	广东虎彩云印刷有限公司
邮　　箱	sdcbs@suda.edu.cn
网　　址	http∥www.sudapress.com
开　　本	700 mm×1 000 mm　印张：10.75　字数：181千
版　　次	2020年8月第1版
印　　次	2024年12月第6次修订印刷
书　　号	ISBN 978-7-5672-3272-3
定　　价	35.00元

凡购本社图书发现印装错误，请与本社联系调换。服务热线：0512-65225020

《文化：企业制胜之道》编审人员名单

编委会名单

主　任：高国华
副主任：张　超　张　卉　王乃国
委　员：（以姓氏笔画为序）
　　　　丁　亮　卜福民　马张霞　王乃国　平建新
　　　　朱劲松　汤晓敏　何语华　张　卉　张　超
　　　　张忆雯　陈　海　徐　辰　高国华　曹振平
　　　　谢永东

编写组名单

主　审：高国华　王乃国
主　编：何语华
参　编：（以姓氏笔画为序）
　　　　于志新　马张霞　王红梅　乐　云　朱　萍
　　　　刘腾腾　刘静慧　杜利军　邱丛意　张　宏
　　　　张　虹　张　莉　张萍实　陆　琴　姜晓敏
　　　　姚　蓓　姚丽霞　钱丽娟　陶友华　谢贵兵
　　　　蔡斐斐

编写说明

根据教育部《中等职业学校思想政治课程标准(2020年版)》对中等职业学校思想政治课程"拓展模块"的教学意见和《市政府关于加快推进职业教育现代化的实施意见》(苏府〔2020〕33号)文件精神,落实产业文化进教育、企业文化进校园、职业文化进课堂,弘扬劳动精神和工匠精神,促进学生树立正确的劳动观、职业观、就业观、创业观和成才观,我们组织有关人员再次对优秀企业文化读本进行了修订。

本书共9课,分别从自强不息、以人为本、制度为先、客户至上、品质第一、团队合作、诚信守法、创新致远、履行责任等方面介绍了企业文化的主要方面。全书以宣传优秀企业文化、提升学生职业素养为核心,遵循"贴近实际、贴近生活、贴近学生"的原则,从中等职业教育培养目标出发,注重实践教育、体验教育、养成教育,做到知识学习、能力培养和行为养成的统一,具有很强的针对性和实效性。本书所选案例涉及的企业,既有世界500强企业,又有中国500强企业,还有苏州本土的企业。与原版相比,此次修订版内容更加充实,结构更加严整,案例更加典型、生动。全书形式新颖,图文并茂,文字精练,通俗易懂,利教便学。

本书既适合中等职业学校思想政治课程"拓展模块"教学使用,也可供教育工作者、社会工作者、科研工作者使用和参考,还可用作企业员工培训的教材。

本次修订由何语华主持,乐云、姜晓敏、谢贵兵、王红梅、刘腾腾、张虹等参加,高国华、王乃国等审定。本书在编写过程中参考了大量资料,在此,谨向资料的作者致以诚挚的谢意!有些资料一时难以查到原作者,敬请原作者谅解。本书还保留了初版相关内容,王正春、初春雨、张峰、李支连、胡峻岭、倪鸣春、凌美凤、徐勇田、钱东鹰、顾玉萍、韩佳津、郁洪青等老师参加了原书的编写,这里一并表示感谢。

另外,本书配有相关电子资源,可访问苏州大学出版社网站(http://www.sudapress.com)"下载中心"参考或下载。

由于时间仓促,不足之处在所难免,请广大师生在使用过程中提出宝贵意见,以便我们不断完善。

苏州市教育局
2020 年 7 月

目录 CONTENTS

前　言 ·· 001

第1课　当太阳升起,你就要奔跑 ·················· 001
　　　　——企业文化之"自强不息"

第2课　老板的工作就是让员工快乐 ············· 016
　　　　——企业文化之"以人为本"

第3课　制度第一,总裁第二 ························ 036
　　　　——企业文化之"制度为先"

第4课　顾客永远是对的 ····························· 056
　　　　——企业文化之"客户至上"

第5课　你就不能做到百分之百合格吗? ········ 072
　　　　——企业文化之"品质第一"

第6课　大雁为什么编队飞行? ···················· 094
　　　　——企业文化之"团队合作"

第7课　再过两小时,鲈鱼节才开始 ·············· 110
　　　　——企业文化之"诚信守法"

第8课　世界是由"懒人"创造的 ··················· 126
　　　　——企业文化之"创新致远"

第9课　背着十字架前行 ····························· 144
　　　　——企业文化之"履行责任"

一、企业文化概念的提出

企业文化的概念最早出现于美国,是美国的一些管理学家总结日本管理经验之后提出来的。

20世纪80年代初,日本经济持续多年的高速增长引起了全世界的瞩目,而支撑经济增长的关键是企业的竞争力。为了迎接日本企业的挑战,美国企业界开始研究日本企业的管理方式。企业文化理论就是这种研究的一项重大成果。

最早提出企业文化概念的是美国的管理学家威廉·大内,他于1981年出版了自己对日本企业的研究成果,书名为《Z理论——美国企业如何迎接日本的挑战》。在这本书里,他提出:日本企业成功的关键因素是它们独特的企业文化。这一观点引起了管理学界的广泛重视,吸引了更多的人从事企业文化研究。

在随后的两年时间里,美国又连续出版了三本研究企业文化的专著,连同威廉·大内的著作一并构成了所谓的"企业文化新潮四重奏"。1981年,帕斯卡尔和阿索斯合著《日本的管理艺术》,更深入地阐述了日本企业所特有的企业文化。同年,特雷斯·迪尔与阿伦·肯尼迪合著的《企业文化》一书出版。在这本书里,作者以日本的经验为基础构建起了企业文化的理论框架。而托马斯·彼得斯和罗伯特·沃特曼于1982年出版的《追求卓越》一书,则开始运用企业文化的理论框架研究美国企业的成功经验。

日本企业和管理学界在美国企业文化理论研究的基础上,对日本企业管理的实践进行系统研究,认为企业文化是"静悄悄的企业革命"和"现代管理的成功之道"。东西方企业管理界的学者通过对20世纪70年代末80年代初世界排名前500位的大企业的研究发现,这些企业已有近三分之一破产或衰落了,著名大企业的平均寿命不足40年,大大低于人的平均寿命。这些大企业早亡的主要原因之一是没有培养和形成适合自身发展特点的企业文化。诚如美国管理学者汤姆·彼得斯、南希·奥斯汀在《寻求优势》一书中所说:"一个伟大组织能够长久生存下来,最主要的条件并非结构形式或管理技能,而是我们称之为信念的那种精神力量,以及这种信念对于组织全体成员所具有的感召力。"

由此可见,企业文化的理论最早出现于美国,而其作为一种主流的管理思想则最早出现于日本。

20世纪80年代中期以来,随着经济体制改革的不断深入,中国企业的市场竞争压力越来越大。为了提高竞争力,国内企业普遍学习和跟踪国外先进的管理技术,关注国外企业的企业文化。20世纪90年代以来,国内一些名牌企业纷纷创建了各具特色的企业文化。加强企业文化建设,提高企业核心竞争力,已成为中国企业家的共识。

二、企业文化的含义

企业文化,又称公司文化、组织文化,是一个企业在生产、经营、建设、发展过程中所形成的管理思想、管理方式、管理理论、群体意识及与之相适应的思维方式和行为规范的总和。

企业文化有广义和狭义之分。广义的企业文化是指企业在生产经营活动中创造的物质文化和精神文化的总和。企业的物质文化是指以物质形态为载体,以看得见、摸得着、能体会到的物质形态反映出来的企业的精神面貌。这种"物质形态"包括两个方面:一是企业生产的产品和提供的服务,二是企业的工作环境和生活环境。企业的精神文化是指企业在生产经营过程中逐步形成和确立的思想成果与价值观念等。狭义的企业文化主要指其精神文化,即一个企业在长期生产经营过程中,把企业内部全体员工结合在一起的理想信念、价值观念、管理制度、行为准则和道德规范的总和。

三、企业文化的作用

企业文化以全体员工为对象,渗透于企业的组织结构、规章制度和员工行为之中,是现代企业的灵魂,是企业发展的持久动力。其作用主要有以下几点。

1. 导向作用。企业的管理理念、规章制度、企业精神、行为规范等能引导员工的行为取向,把员工的行为动机引导到企业目标上来,使他们认识到自身工作的意义,并为此做出不懈的努力和奉献。

2. 凝聚作用。企业文化就像是企业的黏合剂,可以把员工紧紧地黏合、团结在一起,使他们目的明确、协调一致。

3. 约束作用。当企业中个别员工的行为与企业中约定俗成的东西不一致时,企业文化氛围的感染力便会对他形成一种压力,使他不得不与大多数人趋同,进而调整自己的思想行为,以达到与企业整体环境的协调一致。

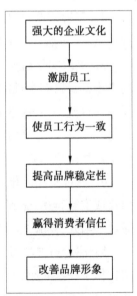

4. 激励作用。企业文化所形成的企业内部的文化氛围和价值导向能够起到精神激励的作用,将员工的积极性、主动性和创造性调动与激发出来,把他们的潜在智慧诱发出来,使其能力得到充分发挥。

5. 调适作用。企业文化可以为企业员工创造一种良好的环境和氛围,具有调适员工心理和情感的功能。

6. 辐射作用。企业文化不仅会在企业内部发挥作用,也会通过各种渠道对社会产生影响,有助于在公众中树立良好的企业形象,对社会文化的发展也有很大的影响。

四、学习企业文化的必要性

职业学校的学生大多是十六七岁的青年人,正处在思想品德和世界观形成的关键时期。这一时期,接触和了解企业文化,感受健康向上的思想观念和行为规范,汲取优秀的文化精神,有助于确立正确的世界观、人生观、价值观和职业观,有助于自己的终身发展。

企业文化不仅有助于企业的发展,而且有助于员工职业生涯的发展。作为未来的企业员工,在职前学习和了解企业文化很有必要。现代企业需要技能过硬、素质优良、具有职业精神、认同企业文化的劳动者,学习和了解企业文化,接受优秀企业文化的濡染,并在最大程度上理解企业精神,有助于提升职业素养,养成职业精神,从而更好地适应企业及未来职业岗位的需要,为个人职业生涯的发展奠定良好的基础。

本书在介绍企业文化时,还突出描写了一些企业的发展史和奋斗史,讲述了一些优秀企业家和优秀员工成功成才的故事。这些故事能给我们以积极向上的精神力量,激励我们创新、创业、创优,引领我们成功、成人、成才。

五、学习企业文化的方法和途径

1. 了解基本知识。了解企业文化的基本含义及其功能,了解企业文化的内容和特点,这些都有助于我们认识和理解企业文化。

2. 汲取文化精神。每个企业的文化都是独特的,其经营理念、价值观念和行为准则都是富有个性的;但作为组织文化,它们又是具有共性的。学习企业文化,要抓住这些共性,汲取其中的人文滋养。

3. 与专业学习相结合。不同行业的企业文化各具特色,学习企业文化要与专业学习相结合。要着重了解本行业企业的文化,为适应未来的职业岗位奠定基础。

4. 通过实践内化。单纯了解企业文化还不够,要把对企业文化的认识和理解内化成实际行动,做到知行统一,这才是学习的根本目的。要注重与实践相结合,通过参与式、体验式学习,多实践,多总结,多反思。

5. 注重拓展学习。企业文化的内容丰富而生动,本书只是从一个侧面对企业文化作了一些介绍,要注意由点到面拓展学习。在现代社会,企业文化无处不在,既可以深入企业参观学习,也可以通过网络、报纸、电视等媒体学习,主动了解和感受企业文化,主动塑造职业精神。

第1课　当太阳升起,你就要奔跑

——企业文化之"自强不息"

在静谧的非洲大草原上,
夕阳西下之际,
一头狮子在沉思——
明天当太阳升起,我要奔跑,以追上跑得最快的羚羊;
一只羚羊也在沉思——
明天当太阳升起,我要奔跑,以逃脱跑得最快的狮子。
那么,无论你是狮子还是羚羊,
当太阳升起,你要做的,都是奔跑。
…………

　　是的,无论你是狮子还是羚羊,为了生存,当太阳升起的时候,你要做的就是奔跑。生命不息,奋斗不止。一个人必须要有拼搏进取的意志,才能取得事业的成功,才能成为生活的强者;一个企业必须要有自强不息的精神,才能保持长久的生命力,才能在竞争中立于不败之地,成为时代和社会的引领者。

　　也许你奔跑了一生,也没有到达彼岸,也许你奔跑了一生,也没有登上峰顶,但是抵达终点的不一定都是勇士,敢于失败的未必不是英雄。我们不必太关心奔跑的结果如何。奔跑了,就问心无愧;奔跑了,就是成功的人生。

知识导航

"自强不息"出自《周易·乾》,原文是"天行健,君子以自强不息"。这句话的意思是:大自然的运动刚强劲健,君子处世也应像大自然一样,追求进步,发愤图强,刚毅坚卓,永不停息。自强不息是一个国家、一个民族,也是一个企业、一个人持续发展壮大的精神支柱。

自强不息(齐白石刻)

自强不息就是不安于现状,不甘平庸,积极进取。任何一个组织处于困境时,如果不思变革,不发愤图强,必将走向衰亡;处于顺境时,如果安于现状,不思进取,必将行之不远。凡是优秀的企业总有一股向上的劲头,不断地挑战自我,超越自我。

自强不息就是创造价值,追求卓越。每一个优秀企业在追求利润的同时,总不忘为社会提供高品质的产品或服务。自强不息就是精益求精,追求极致,领先同行,引领潮流。

> **经典语录**
> 如果不继续成长,就会开始走向死亡。
> ——华特·迪士尼
> (迪士尼娱乐公司创始人)

自强不息就是坚定不移,百折不挠。每一个企业的经营发展,都不是一帆风顺的,往往盛衰起伏,变幻难测。无论遭遇何种境况,都不气馁,始终保持高昂的斗志和冷静的头脑,才能一路披荆斩棘,开辟出一条通往成功的坦途。

自强不息就是要有危机意识、忧患意识。每一个优秀的企业家都深知:今天的迷茫,不会注定明天的失败;今天的成就,也不能保障明天的辉煌。在这个强手如林、竞争激烈的时代,唯有不自满,勿忘在莒,脚踏实地,不断创新,才能使企业获得持续发展的源泉。

作为一名未来的职业人,我们应当从企业自强不息的精神中汲取力量,把个人的思想、行动统一到企业的发展目标中去,始终坚定目标,坚守信念,坚持不懈,用个人努力促进企业发展,在企业发展中实现自身价值,在拼搏进取中创造人生辉煌。

> 案例链接

1 娃哈哈[①]：中国民族品牌的骄傲

杭州娃哈哈集团创建于1987年,在创始人宗庆后的领导下,经过30多年的稳健发展,企业规模和效益连续19年位居中国饮料行业前列。2019年,入选美国《财富》杂志评选的"最受赞赏的中国公司50强"、中华全国工商业联合会发布的"中国民营企业500强"。可是又有多少人知道,这样一个大集团,其前身却是杭州市上城区一家校办企业的经销部呢?

■ 艰苦创业,从无到有

1987年,娃哈哈创始人宗庆后带领两名退休老师,怀揣14万元借款,靠代销汽水、棒冰及文具纸张赚一分一厘钱起家,开始了创业历程。

娃哈哈在创业之初步履维艰。那时资金紧张,条件简陋,娃哈哈的员工分秒必争,抓住一切机会发展。夏天给小学供应冷饮是他们的一项业务,每当他们知道有

娃哈哈饮料生产线

---

① [娃哈哈] 即杭州娃哈哈集团有限公司,总部位于浙江杭州,是一家集产品研发、生产、销售为一体的大型食品饮料企业集团,现为我国位居前列、全球领先的大型饮料生产企业。"娃哈哈"为中国驰名商标,2019年入选中央广播电视总台主办的中国品牌强国盛典榜样100品牌。企业网址:https://www.wahaha.com.cn。

学校需要冷饮时,马上分头行动。宗庆后常常冒着酷暑,脚踏三轮车,把冰棍送到学校,一次只赚几元、十几元,但他们仍然无怨无悔。后来,他们接到儿童食品的长期订单,需求量大了,大家齐心协力,及时把货送到消费者手中。

1988年,宗庆后通过周密调查,决定放弃加工别人的产品,开发自己的产品,配制营养液,开发八宝粥罐。员工们群策群力,通过合理安排生产程序,进行小发明、小革新,只用一半劳动力就创下了日产近30万罐八宝粥的历史最高纪录。

■ 形成规模,从小到大

1991年,为扩大生产规模,满足市场需要,仅有百余人的校办小厂娃哈哈,以8000万元的价格有偿兼并了拥有职工2000多人的国营老厂——杭州罐头食品厂。兼并后,娃哈哈食品集团公司成立。原本亏损4000多万元的杭州罐头食品厂仅用了3个月就扭亏为盈。1991年,企业产值首次突破亿元大关,达到2.17亿元。兼并取得成功,娃哈哈初步形成规模。

1994年,娃哈哈积极响应国务院对口支援三峡库区移民工作的号召,投身西部开发,创造性地以"移民任务与移民经费总承包"的改革思路,兼并了涪陵地区受淹的3家特困企业,建立第一家省外分公司——涪陵娃哈哈有限责任公司。该公司产值、利税连年快速增长,成功解决了1300多名移民的就业问题,并跻身"重庆市工业50强"。

■ 民族品牌,从大到强

1998年,娃哈哈在洋可乐"水淹七军"的背景下,毅然推出"中国人自己的可乐"——非常可乐。娃哈哈通过正确的战略战术,使这一产品迅速打开市场,并稳居全国碳酸饮料市场前列。非常可乐的成功推出,进一步稳固了娃哈哈的发展基石,提高了娃哈哈的知名度和美誉度,为娃哈哈以后的发展开辟了崭新的领域。

在创新战略指引下,企业大力开展产品创新活动,推出了以营养快线等为代表的系列新产品。这些产品因为技术含量高、营养丰富、口感极佳,得到了市场的广泛认可,创造了巨大的经济效益。营养快线自2005年推出至今,已生产了近500亿瓶,产值达1200多亿元。企业依靠产品自主创新,实现了从大到强的转变。如今,娃哈哈融合传统中医食疗理念及现代生物工程技术,产品创新从安全走向健康,满足消费者新的需求。

■ 转型升级,打造新引擎

近年来,智能技术与产业结合成为发展大势。娃哈哈在饮料行业率先践行"中国制造2025"国家战略,成立了精密机械制造公司、机电研究院,致力于智能化饮料生产线和智能装备产业化研究,并承接了工信部重大科技专项、国家"863 计划"等多项重大科研项目。2015 年,娃哈哈"食品饮料流程制造智能化工厂项目"入选全国首批工信部智能制造试点示范项目,在打造食品饮料全数字化管控的智能工厂上填补了国内空白。目前,娃哈哈开展了工业机器人、高端直驱电机等工业自动化核心部件和装备的研制工作,已成功开发了串、并联机器人,高速装箱机,自动物流分拣系统等智能设备,成为食品饮料行业中具备自行研发、自行设计、自行安装调试设备能力的企业。

娃哈哈先用了 11 年的时间成为中国位居前列、全球领先的饮料企业,又用了 20 多年的时间保持成绩、打造品牌,如今正朝着使中国娃哈哈成为世界娃哈哈的目标进发。

是什么使娃哈哈从一个三人小厂成长为家喻户晓的大企业的呢？是娃哈哈人艰苦奋斗的精神。为了生存,娃哈哈人在市场风浪中苦苦闯荡,饱尝了酸甜苦辣。为了在新形势下立于不败之地,并在同行业中树立龙头形象,娃哈哈人根据企业所处环境和娃哈哈发展历程的特点,经过反复斟酌,提出了"励精图治、艰苦奋斗、勇于开拓、自强不息"的娃哈哈形象口号。公司董事长宗庆后为娃哈哈的形象深感自豪,他曾动情地说:"娃哈哈能有今天,是公司全体职工艰苦奋斗、勇于开拓、共同创造的结果。"可见,娃哈哈的形象口号已化作一种精神力量,成为娃哈哈人的行动指南。如今,娃哈哈的形象口号在全国食品行业广为传颂。

〔议一议〕

1. 你认为娃哈哈由一个三人小厂发展成为一个家喻户晓的民族企业,其制胜秘诀有哪些？

2. 关于企业和文化的关系,娃哈哈创始人宗庆后曾说:"企业是树,文化是根;企业是大厦,文化是地基;企业是躯体,文化是灵魂。"这是他在长期企业经营管理实践中体会和总结出来的。从娃哈哈的发展历程来看,你觉得它有哪些值得赞赏的企业文化？

2 阿里巴巴[①]：敢于梦想，拥抱变化

今天，阿里巴巴已经成为互联网行业的一面旗帜。淘宝、天猫、支付宝、聚划算、阿里云、蚂蚁金服等品牌和业务家喻户晓，触及我们生活的每一个角落。

可就是这样一个大企业，在创业之初却经历了无数坎坷。他的创始人马云的开局更是惨淡得近乎"传奇"：小学考重点中学，考了三次都没有考上；大学考了三次才如愿以偿；大学毕业后未创事业前，他应聘过30份工作，全部被拒绝：想当警察，和5个同学一起去应聘，4个被录取，他落了榜；杭州第一家五星级宾馆开业的时候去应聘服务员，也没有被录取；24个人一起应聘杭州肯德基，23人被录取，他还是没有被录取。好在他的脑子里有一些独特的思维，骨子里有一种倔强的精神。

24岁大学毕业后，他成为杭州电子工业学院的一名英语老师。在这期间，他发现社会对英语人才和翻译业务的需求巨大，便与朋友一起，成立了杭州最早也是现在最大的专业翻译社——海博翻译社。这是他的第一次创业。

由于他的英语口语出色，1995年，他受浙江省交通厅的委托到美国去催讨一笔债务，结果没要到，反倒让他发现了互联网这个宝库。学会上网后，他做的第一件事就是为翻译社做个网页，并发送了网络广告，从上午10点到12点，他收到了来自美国、德国和日本的6个E-mail，都说这是他们看到的有关中国的第一个网页。那一刻，马云意识到互联网是一座金矿，这里大有生意可做！回国后，马云毅然辞去大学教师的工作，以两万元启动资金创办了国内第一家网上中文商业信息网站——中国黄页。这是他的第二次创业。

1999年，35岁的马云决定创建阿里巴巴。2月20日，正月初五，在一个叫湖畔花园的小区，16栋三层，18个人聚在一起开了一个动员会。屋里可谓家徒四壁，只有一张旧沙发摆在一边，大部分人席地而坐，马云站在中间讲了整整两个小时。团

[①] [阿里巴巴]即阿里巴巴集团，成立于1999年，中国总部位于浙江杭州。该公司经营多元化的互联网业务，包括促进B2B（Business to Business，指利用因特网进行的公司对公司业务）国际和中国国内贸易的网上交易市场、网上零售和支付平台、网上购物搜索引擎，以及以数据为中心的云计算服务，致力于为全球所有人创造便捷的网上交易渠道。企业网址：www.alibabagroup.com。

浙江杭州阿里巴巴总部大楼

队中的彭蕾回忆：当时，几乎都是马云一个人在讲，说我们要做一个中国人创办的世界上最伟大的互联网公司，整个讲话过程中都"张牙舞爪"的，其余 17 个人就坐在一边，偷偷翻白眼。

就这样，这个团队成立了，这个企业诞生了。可是一开始创业的时候，没人看好他们，这 18 个创始人，坚持梦想，艰苦奋斗，靠的就是一股不到长城非好汉的劲儿。在多年后的一次讲座上，马云说："我们有梦想，有追求，有意志，所以我们才克服了一个又一个天大的困难，一步一步走到了今天。我们以 50 万元起家，几个人挤在我家小小的房子里，饿了就吃口东西，累了就睡上一会儿。当我们的账上只有两万元的时候，我急了，跑到美国去找投资商，与人交流，告诉别人我们的理想、我们的追求、我们的做法、我们的未来，终于，我们得到了第一笔投资款，阿里巴巴走出了成长困境。"

他又说："一群搞电子商务的公司在爬山，有些人在半山腰的时候看到了散在那里的碎金子，就急着去捡，我们却还在攀登。越来越多的公司跑去捡金子了，我们还是控制着自己的欲望，爬啊爬。现在我们还在爬，但我们看到了山上的曙光，看到了山尖上的金山。不是我们没看到金子，而是我们看到更远处有更多的金子，我们就是这样一群有理想，有目标，更是有耐心能坚持的创业团队。"

这两段话反映了马云的个性，强烈的使命感和长远的发展观是马云突出的特点。多年来，有许多 IT 精英都去抓短平快的机会，他们依赖通讯运营商的平台，很容易就赚到了钱，而且只要平台不倒，钱就源源不断。面对这样的诱惑，马云并非没有动过念头，但是他坚持自己的追求，不为小利而动，因势谋远，坚定地走自己的路。

其实一开始，阿里巴巴只是一个简单的信息平台，就像马云在那个时候经常说的那样，这是一个网上的集贸市场，在这里"摆摊"的是中国数以千万计的中小企业。他们在这里发布产品信息的目的，就是希望获得订单——国内的或者海外的，为此阿里巴巴从一开始就拥有两个平台，一个是中文平台，一个是"清晰而专业"的英文平台。

2002年年底，阿里巴巴全面盈利，这意味着它已经解决了生存问题，马云终于可以坐下来从事战略部署了。从这一年开始，阿里巴巴渐渐发展成为一家可称为"电子商务帝国"的庞大公司。2003年建立C2C（Consumer to Consumer，指个人与个人之间的电子商务）网站淘宝；2004年推出支付宝；2005年收购中国雅虎；2006年进入B2C（Business to Consumer，指商对客电子商务模式）领域；2007年成立阿里软件公司；2009年成立阿里云计算公司……

2007年，阿里巴巴在香港联交所上市。此后，它用8年时间成为全球第五大、中国最大的互联网公司。自2017年首次登上美国《财富》杂志"世界500强"榜单以来，其排名逐年提升。2020年，它以3.8万亿元的市值位列"胡润中国500强民营企业"榜首。

马云及其团队的成功，既缘于他们的敢于梦想，执着追求，也缘于阿里巴巴拥抱变化的企业文化。阿里巴巴集团的官网上赫然书写着六条价值观，其中第三条是："唯一不变的是变化。——无论你变不变化，世界在变，客户在变，竞争环境在变。任何时候都心怀敬畏和谦卑，避免'看不见、看不起、看不懂、追不上'。改变自己，创造变化，都是最好的变化。拥抱变化是阿里巴巴最独特的DNA。"马云清醒地认识到："面对这样的时代，只有两种人：一种人想办法集中自己所有资源，灵活变革，继续保持江湖地位；另一种人束手无策，随时会被他人取代。"

〔议一议〕

1. 马云说："我们有梦想，有追求，有意志，所以我们才克服了一个又一个天大的困难，一步一步走到了今天。"请结合阿里巴巴的成长史，谈谈你对这句话的理解。

2. 阿里巴巴员工价值观考核体系中有这么五条：（1）适应公司的日常变化，不抱怨；（2）面对变化，理性对待，充分沟通，诚意配合；（3）对变化产生的困难和挫折，能自我调整，并正面影响和带动同事；（4）工作中有前瞻意识，能建立新方法、新思路；（5）创造变化，并带来绩效突破性的提高。"追求成为一家活102年的好公司"是阿里巴巴的愿景。请联系这一愿景，谈谈你对这五条考核要求的认识。

3 蒋巷村[①]：在困境中崛起

蒋巷村隶属于常熟市支塘镇，位于阳澄湖水网地区的沙家浜水乡。全村192户，村辖面积3平方千米。先后获得全国文明村、国家级生态村、全国新农村建设科技示范村、国家4A级旅游景区、中国最有魅力休闲乡村等荣誉称号。2004年3月，时任国务院总理温家宝视察时称"你这个村叫作全面发展，农业发展、乡镇企业发展、农民富裕"。2010年4月，时任中宣部部长刘云山为蒋巷村题词"幸福新家园，和谐文明村"。可在50年前，这里还是一块土瘠水恶、十年九荒的"烂泥地"。改变这一切的，是蒋巷村党委书记常德盛带领下的全体党员和村民。

蒋巷村从一个江南穷村发展为全国生态文明村，经历了"农业起家、工业发家、旅游旺家"的历程。1966年，23岁的常德盛成为一名共产党员，并当上了生产大队队长。他带领全体村民开始实施规模宏大、持之以恒的治水改土工程。治水改土让蒋巷农业彻底翻了身，粮食亩产稳居苏州地区前列，蒋巷从吃返销粮的贫困村一跃成为苏州市3000多个行政村中的售粮状元。直到今天，蒋巷仍是全省人均向国家出售粮食最多的行政村之一。

20世纪80年代，改革开放的春风吹遍大江南北，苏南乡镇企业如雨后春笋般蓬勃兴起。俗话说："无农不稳，无工不富。"村民的米袋子虽然装满了，但另一只钱袋子仍然瘪瘪的，单一种粮不能让村民真正富起来。看着周边一个个乡村因发展工业而崛起，常德盛急了，他不再满足于农业"样板村"的现状，决心打好工业翻身仗，真正拔掉穷根奔富路。

搞工业，对于世世代代从事农耕的蒋巷人来说，还真如老虎吞天，无从下嘴。先是搞塑料配件厂，但因产品不对路和污染严重而很快关闭。后来碰到了一位上海"能人"，由于轻信而上当受骗，导致200万元巨额债务缠身，15家单位追来与法

---

① ［蒋巷村］位于常熟市东南，紧邻沙家浜红色旅游风景区，是我国现代化新农村的代表。其龙头企业江苏常盛集团有限公司始建于1992年，是一家大型民营重型装备生产企业，下辖4个股份制有限公司。蒋巷村网址：http://www.jiangxiangcun.cn。

全国文明村——蒋巷村

人代表常德盛打官司,全村人心惶惶……面对前所未有的困境,群众看干部,干部看支部。"决不能一蹶不振,必须在困境中崛起。宁愿少活几年也要拼命把蒋巷经济翻过来,把工业经济搞上去。"面对这波风浪,常德盛痛定思痛,暗下决心。在随后召开的村民大会上,他以党支部的决心换回了村民们的信心,救活企业、工业发家再次成为蒋巷人的共识。

接着,他主动跑到15家"原告"单位,诚恳地和他们讲清楚村里的现状,求得大家的理解,并表示一定想方设法尽早还清债务。诚情之下,那些单位相继撤诉,使得蒋巷村暂时缓过一口气。

常德盛知道,搞工业经济必须有一定的基础和条件。蒋巷村既没有区域优势,不靠国道,不在要道,更不是城郊,而是位居常熟、太仓、昆山交界处的"边区"。人才优势更谈不上,全村能对工业指点一二的人几乎为零,就连高中生也屈指可数。如今,村里重债缠身,更没有人来主动投资,银行也不给予贷款。但是,倔强的常德盛不管两腿带着泥,硬是穿起西装、打上领带,半土半洋地开始涉足商海。不过,经受两次挫折后,蒋巷人在谨慎中更注重捕捉有价值的市场信息。

机会来了,两位村民从上海带回一个信息——泡沫可延伸生产彩钢复合板是一种可替代墙体的新型轻质建材,外观漂亮,建造方便,造价低廉。常德盛第二天天不亮就亲自带人赴南京、上海等地调研论证,结论很明确:这种新型建材前景可观。1992年春天,也就是邓小平发表南方谈话之际,蒋巷村建成了投资600余万元、拥有两条先进生产流水线的4000平方米厂房,这是第一个真正意义上的村办企业。与泥土打了几十年交道的常德盛亲自兼任轻质建材厂厂长。尽管这种彩钢复合板的各项技术指标都符合标准,尽管产品在江苏省内还是空白,在全国的生产企业里也为数不多,但是"酒香也怕巷子深",建材厂依旧是"门前冷落鞍马稀"。产品无人问津,银行里巨额贷款的利息却是"芝麻开花节节高",怎么办?常德盛决定亲自出马当推销员,他打定主意要千山万水走,千言万语说,千家万户求,千难万险磨……只要自己的产品质量过硬,只要自己够诚心,就不信打不开市场。在摸清了常熟近期准备大兴土木搞建设的情况后,常德盛利用自己老劳模、老先进的优势,终于说服客户来蒋巷实地考察,并顺利签订了第一笔订单。有了成功的第一步,第二步、第三步……就更有自信,也更有的放矢了。从常熟到海门,从苏州到昆山……市场的大门真正向蒋巷村轻质建材厂开启了。

　　轻质建材厂在建厂时,在全省是独一无二的。但是,不过两年,很多同类型企业纷纷涌现,市场竞争到了白热化的状态。如何抢占市场制高点,加快发展步子,又成为企业发展路上的一条新的"拦路虎"。自1994年起,常德盛采取了"扩大外延发展系列产品,强化内部加快技术进步"的策略,实现了滚雪球壮大,阶梯形前进,跨越式发展。为了巩固和扩大产品的市场覆盖面,为了沟通方方面面的关系,常德盛在家当书记、厂长,出门便是信息员、推销员,一年四季穿梭于江浙沪大中城市,不计时间,不管温饱,常常为赶在人家单位上班之前抵达而半夜赶路,很多蒋巷人在他的带领下成了"拼命三郎",甘心舍命换星月。

　　1995年年底,常德盛将蒋巷村的村办工业企业组建为江苏常盛集团,在彩钢复合板产品的基础上,突出龙头产品——C形桁条、钢柱等钢结构件生产。常德盛连续不断地引进新技术,加快老产品、老设备的更新换代,努力构筑技术优势。至2000年年初,已将企业的老设备全部淘汰,更新了如H形钢全自动组立机、多头直条切割机、喷丸除锈机、多功能金属隔热夹心复合机组、德国产塑钢门窗全套生产流水线等国内外先进设备。

　　常德盛还把目光瞄准国外企业的先进技术和先进管理经验,分别与澳大利亚奥斯特机械有限公司和美国哥伦比亚铁制品有限公司谈成两个合资项目,引进具有国际先进水平的钢结构、彩钢复合板生产设备。两个项目的投产,使常盛集团涉足高层建筑领域,在建造十层以上高楼的广阔天地里大显身手。

　　经过近三十年的发展,当初只能生产彩钢复合板的村办轻质建材厂,已壮大成了省级和国家级企业集团,"常盛"商标被评为江苏省著名商标。其钢结构工程连年获上海钢结构建筑工程"金钢杯奖"。北京奥运场馆、上海世博会、京沪高速铁路等国家重点工程建设项目都选用了常盛钢结构件,产品还远销日本及中东、欧洲等国外市场。

蒋巷人坚信"穷不会生根,富不是天生",抱着"天不能改,地一定要换"的信念,团结拼搏,艰苦奋斗,走出一条工业发家之路。近年来蒋巷村深入贯彻落实"乡村振兴"战略,2018年社会总产值达到10亿元,人均收入突破4.95万元。"从1970年到2019年,村集体资产年末累计额增长5333倍,社会总产值增长5000倍,人均年收入增长432倍……"在蒋巷村史馆内,这组数据的对比反映出50年来蒋巷村的沧海桑田。

常德盛77岁了,在蒋巷村当了55年的村支书。有访客问他:"对于蒋巷村未来的发展,您有什么打算?"常德盛说:"我们要继续发扬团结、拼搏、务实、创新的精神,艰苦创业、艰苦奋斗,开创振兴乡村的新局面。我一生的追求就是富民强村,让全村人过上好日子。"如今,常德盛和蒋巷人正奋进在全力建设"强富美高"新农村的道路上。

[议一议]

1. 蒋巷人在工业发家的道路上遇到了哪些挫折和挑战?他们是怎样一一破解的?

2. 企业家是企业的精神领袖,是企业文化形成、发展和传承的关键人物。常德盛是蒋巷村的带头人、常盛集团的创始人。作为一名乡镇企业家,常德盛身上有哪些优秀的精神品质?

思考与实践

一、简答题

1. 你认为企业的自强不息包括哪些内涵？作为一名未来的企业员工，为了企业的持续发展壮大，你应当怎样做？

2. 微软公司创始人比尔·盖茨说："微软离破产永远只有18个月。"你是怎样理解这句话的？

二、案例分析

阅读下面的案例，回答后面的问题。

德尔惠①：浴火重生的金凤凰

从怀揣仅有的150元创办鞋厂，到打造出今天的庞大商业帝国，德尔惠创始人丁明亮的成功充满传奇色彩。

13岁那年，刚刚读完小学的丁明亮迫于生计放弃了学业，辍学后的丁明亮在泉州做起摆地摊卖小商品的生意。不久，他又跟乡亲走过一段四处流浪打工的日子。艰苦的生活，养成了他好强、坚韧的性格。1982年，他与同乡合伙开了一家小包装袋作坊，做塑料包装袋，这是他的第一次创业。就在塑料袋厂正常运作的第二年，他发现制鞋行业是新生计，虽然没有成功的把握，但他看好这个行业的前景，于是带上两个弟弟，拿着仅有的150元和别人合伙开了家制鞋作坊，走上艰难的创业之路。

---

① [德尔惠] 德尔惠股份有限公司的简称。这是一家致力于运动鞋服及配饰研发、生产、行销的体育用品企业，总部位于福建省晋江市。2005年起连续12年被评为中国最具价值品牌500强，连续多年荣膺"中国运动鞋十大畅销品牌"。企业网址：http://www.deerway.cn。

"我记得鞋厂开张第一天,我们做了6双鞋子,当时大家心里都非常高兴。因为我们成功做出了自己的产品,这对我们来说,意味着一个新的开始。"丁明亮在接受记者采访时说。1987年,他做了创业以来最大的一笔投资决策:花4万元买了一套先进的制鞋设备,并正式给这个初步拥有现代设备的鞋厂取名"德尔惠"。

正当丁明亮雄心勃勃地勾勒着宏伟蓝图时,天降厄运。1990年3月,一场让人始料未及的大火将所有的厂房设备全部烧毁。远在潮州出差的丁明亮接到工厂发生火灾的电话,连夜赶回。望着眼前的一片废墟,他心如刀绞,眼泪几欲夺眶而出,那是他8年的心血啊!这场火灾使他重新变得一穷二白。收拾残局之后,他决心从头再来。顶着巨大的痛苦和压力,他开始四处借贷,重修厂房,并往返于晋江和广东之间购买设备,四处寻找模具。凭着顽强的毅力,到当年年底,他不仅还清了债务,还在市场上打开了稳定的销路。德尔惠再次进入一个稳步发展期。

从1996年起,市场从供不应求转变为供过于求。受此影响,德尔惠从1997年开始,机器一台接一台地停产。丁明亮强烈地意识到企业打造品牌的紧迫感与重要性,决定把工厂带入品牌经营时代。1999年,德尔惠聘请足球明星代言,开始了品牌运作的尝试。然而,此后的晋江运动鞋开始陷入"广告战"加"明星战"的同质竞争中。为了避开竞争,德尔惠另辟蹊径,把眼光投向了休闲运动市场,并从鞋业生产加工零售转到建立自己的终端销售网络,开始品牌化发展。2001年,德尔惠与中国台湾影星吴奇隆合作,转型娱乐路线,与同业竞争对手有效区分。两年后,德尔惠再次做出让整个业界震动的惊人之举,用2年1000万元的天价聘请周杰伦作为品牌代言人。在外人看来,这无疑是一场风险博弈。事实证明,当初的一掷千金完全值得,一个家喻户晓的娱乐休闲运动品牌诞生了。2002年,企业的销售总额突破3.5亿元,而在周杰伦加盟之后,企业连续两年销售额增长率都超过50%。

在之后的几年里,德尔惠的产销及品牌知名度达到一个空前的高峰期,"福建著名商标""国家免检产品""中国驰名商标""中国名牌产品"等荣誉纷至沓来。打造百年文化企业,塑造国际休闲运动领先品牌,是丁明亮和他的继任者的宏伟蓝图。

1. 德尔惠从一个仅有150元资本的制鞋作坊一路走来,经历了哪些挫折?面对这些挫折,丁明亮他们是怎么做的?

2. 浴火重生更多地需要勇气和毅力,而在竞争中胜出则更多地需要智慧和魄力。你认为德尔惠在创业和发展的各个阶段,主要表现出了哪些优秀品质?

三、实践活动

以"创业之路在脚下"为主题,采访创业之星,宣传创业典型。

内容和要求:作品体裁不限,既可以写创办企业的狭义创业,也可写事业有成、岗位成才的广义创业。内容应突出中职毕业生的创业历程、创业精神和对社会的回报,真实地写出采访者的感悟。选材真实,要求插入主人公的职场照片。本项活动可由2~3名学生合作完成,篇幅为800~1500字。

四、推荐阅读

1.《永不放弃:马云给创业者的24堂课》(成杰著,中国华侨出版社2011年版)。

2.《一路向前》(霍华德·舒尔茨、乔安·戈登著,张万伟译,中信出版社2011年版)。

[阅读体会或书摘]

第2课　老板的工作就是让员工快乐

——企业文化之"以人为本"

> 一位老板向管理大师诉苦说,他的公司管理极为不善。管理大师应约前往,到公司上下走动了一回,心中便有了底。
>
> 管理大师问这位老板:"你到市场去买过菜吗?"
>
> 他愣了一下,答道:"买过。"
>
> 管理大师继续问:"你是否注意到,卖菜人总是习惯于缺斤少两呢?"
>
> 他回答:"是的,是这样。"
>
> "那么,买菜人是否也习惯于讨价还价呢?"
>
> "是的。"他回答。
>
> "那么,"管理大师笑着提醒他,"你是否也习惯于用买菜的方式来购买职工的生产力呢?"
>
> 他吃了一惊,瞪大眼睛望着管理大师。最后,管理大师总结说:"一方面是你在工资单上跟职工动脑筋,另一方面是职工在工作效率或工作质量上跟你缺斤少两——也就是说,你和你的职工是同床异梦,这就是公司管理不善的病根啊!"
>
> 后来,这位老板听取了管理大师的意见,提高了工人的工资,同时建立了科学、系统的绩效考核制度。不到一年,公司的产量和产品的合格率都有了明显的提升,公司的实际利润有了大幅度的提高。
>
> 人际交往的第一原则便是对等原则。企业管理也是这样,公司的经营者不能只想到让员工努力干活,却想不到提高他们的工资待遇,为他们

> 创造良好的工作条件。在不对等的情况下,员工是没有工作积极性的。法国企业界有一句名言:"爱你的员工吧,他会百倍地爱你的企业。"以人为本,尊重员工,关心员工,让员工感受到工作的快乐,让员工体会到生命的价值,这是企业发展壮大的制胜之道。

知识导航

以人为本,就是以人为根本。也就是说,要以人的发展为根本目的,而不是以利润提升为根本目的;以每一个具有平等权利的个体的发展为本,而不是以少数人的发展为本;以实现人的全面发展为目标,而不是追求局部的、片面的发展。一言以蔽之,就是一切为了人,为了一切人,为了人的一切。以人为本,不仅主张人是发展的根本目的,而且主张人是发展的根本动力。一切为了人,一切依靠人,二者的统一构成"以人为本"的完整内容。

现代企业创立的基础是人,存在的关键是人,发展的根本也是人,因此,应该把人作为企业发展的出发点和落脚点。企业以人为本,包括两个方面的内容:一方面,企业必须为社会提供优质的产品或服务,

经典语录

企业最大的资产是人。
——松下幸之助
(日本松下电器创始人)

不断满足人民群众日益增长的物质文化需要;另一方面,企业依靠员工发展,必须保障员工权益,关心员工生活,提升员工素质,促进员工发展,让发展成果惠及全体员工。在这里我们重点谈后者,即现代企业应该如何在内部管理上践行以员工为本的理念。

美国管理学家劳伦斯·米勒认为:"一个公司的成功,越来越要靠员工的积极性和创造力,而不是机器的性能,管理人员的主要职责是创造出一种环境,使每一位员工都能发挥才能。"企业"以人为本"的管理,就是要在管理过程中以员工为出发点和中心,最大限度地尊重员工、理解员工、信任员工、关心员工,重视员工需要,并用人性化的经营,调动每一个员工的积极性、主动性,以实现员工与企业共同发展。具体地说,主要包括以下方面:一是组织设计以人为中心,建立和谐的内部秩

以人为本,科学发展(国内资深政论片制片人、品牌战略专家张华夏书)

序;二是建立公平合理的人事制度,提升员工价值,激励员工发展;三是重视员工培训,不断提高员工适应市场竞争的能力和素质;四是加强民主管理,引导员工献计献策,鼓励员工讲真话、讲实话;五是维护员工的合法权益;六是关注和减轻员工的心理压力;七是关心员工生活,帮助员工解决实际困难;八是努力营造相互尊重、相互信任、积极进取、紧密协作的组织氛围,营造尊重劳动、尊重知识、尊重人才、尊重创造的工作氛围。

作为未来职业人,我们要全面理解企业"以人为本"的理念,认识"以人为本"对于自身和企业发展的意义,创建和谐的工作环境,打造和谐团队;同时要感谢企业为自己提供了就业的机会、建设家庭的基础、实现人生价值的平台,感谢企业为自己创造了良好的工作环境,忠诚于企业,恪守职责,把个人的发展与企业的发展结合起来,持续为企业创造价值,切实履行自己的社会责任。

1　IBM:第一条准则——必须尊重个人[①]

IBM是有明确准则和坚定信念的公司。这些准则和信念似乎很简单、很平常,

---

① 节选自《管理案例博士评点——中外企业案例比较分析》,代凯军编著,中华工商联合出版社2000年版,有改动。IBM,即国际商用机器公司,其英文全称为International Business Machines Corporation。创立于1911年,总部位于美国纽约州的阿蒙克市。创立初期的主要业务为商用打字机、文字处理机,后来覆盖到计算机和有关服务。IBM连续多年登榜美国《财富》杂志评选的"世界500强"。中国官方网站:http://www.ibm.com/cn/zh。

但正是这些简单、平常的准则和信念构成了IBM特有的企业文化。其中,第一条准则就是——必须尊重个人。

历史上的许多文化与宗教戒律,也一再呼吁尊重个人的权利与尊严。虽然几乎每个人都同意这个观念,但列入公司信条中的很少见,更难说遵循。当然,IBM并不是唯一呼吁尊重个人权利与尊严的公司,但没有几家公司能做得像IBM公司一样好。

沃森家族①都知道,公司最重要的资产不是金钱或其他东西,而是员工。IBM公司自从创立以来,就一直推行此观念。每一个人都可以使公司变成不同的样子,所以每位员工都认为自己是公司的一分子,公司也试着去创造小型企业的气氛。分公司坚持小型编制,公司一直很成功地把握1个主管管辖12个员工的效率。每位经理人员都了解员工的工作成绩,不断地激励员工士气。有优异成绩的员工就能获得表扬、晋升、奖金。在IBM公司里,没有自动晋升与调薪这回事,晋升与调薪由工作成绩而定。一位新进入公司的市场代表拿的薪水有可能比一位在公司工作多年的老员工还要高。每位员工以他对公司所贡献的成绩来拿薪水,绝非以资历而论。有特殊表现的员工,也将得到特别的报酬。

IBM公司自从创立以来,就有一套完备的人事使用制度,直到今天依然不变。拥有40多万员工的今日与只有数百员工的昔日,完全一样。任何一位有能力的员工都有一份有意义的工作。在很长的时间里,没有任何一位正规聘用的员工因为裁员而失去1小时的工作。IBM公司同其他公司一样也曾有过不景气的时候,但IBM都能很好地计划并安排所有员工,使他们不致失业。IBM成功的安排方式之一是再培训,而后调整新工作。例如,在1969年到1972年经济大萧条时,有1.2万IBM的员工由萧条的生产工厂、实验室、总部调整到需要他们的地方,有5000名员工接受再培训后从事销售、设备维修、外勤行政与企划工作。大部分人反而因此调整到了一个较满意的岗位。

有能力的员工应该给予具有挑战性的工作。工作时,他们能够体会到公司对他们的关怀,愿意为公司的成长贡献一技之长。IBM公司晋升人员时永远在自己公司员工中挑选。如果一有岗位空缺就从外面找人来担任,那么对那些有干劲的

---

① [沃森家族]IBM的创始人是托马斯·J.沃森(Thomas J. Watson),1914年担任CTR总经理,1915年担任总裁。IBM的企业文化由老托马斯·沃森创立,1956年其子小托马斯·沃森继任总裁后将"沃森哲学"发扬光大。

IBM 创始人托马斯·沃森(Thomas Watson)

员工是一种打击,甚至令他们深受挫折、意志消沉。IBM 公司有许多方法让员工知道,每一个人都可使公司变成不同的样子。在纽约州阿蒙克的 IBM 公司里,每间办公室、每张桌子上都没有任何头衔字样,洗手间也没有写着什么长官使用,停车场也没有为长官预留位置,没有主管专用餐厅。总而言之,那是一个非常民主的环境,每个人都同样受人尊敬。

IBM 公司的管理人员尊重公司里的任何一位员工,同时也希望每一位员工都能尊重顾客,即使对待同行竞争对象,也应如此。公司的行为准则规定,任何一位 IBM 的员工都不可诽谤或贬抑竞争对手。销售是靠产品的品质、服务的态度,推销自己产品的长处,而不是攻击他人产品的弱点。

〔议一议〕

1. 即使是在经济萧条的时期,IBM 公司也不会通过裁员来渡过难关。他们是怎样做到这一点的?

2. IBM 公司是怎样创造民主的环境的?为什么要这样做?

2 豪尔·罗森柏斯给公司全体员工的6封邮件[①]

罗森柏斯国际旅行社是一家大规模的旅行社,该公司以"员工第一,顾客第二"的经营之道,在短短15个春秋内就把原先只不过是费城地区的一家小旅社,经营为年营业额达15亿美元的世界三大旅游公司之一。"9·11"事件几乎摧毁了当时的美国航空、旅游及相关服务业,罗森柏斯公司不得不采取措施应对困难。公司董事会主席兼CEO豪尔·罗森柏斯给他的员工写了6封电子邮件。对全球商业界来说,这6封电子邮件也许是"9·11"事件之后最值得纪念的一份财富。

在第一封邮件中,豪尔·罗森柏斯对公司所有员工在"9·11"事件中的努力给予了极高的赞誉,并鼓励他们面对困难:

……昨天,整个公司涌现了数千位默默无闻的英雄,来自全球的同事会因为你们为顾客所做出的努力而深表感激。总而言之,罗森柏斯的员工在最困难的时候做出了最好的表现……无论你的家在哪里,无论你在哪里出生,无论你的宗教信仰是什么,我为你们所有人祈祷。我们是一个世界,一家公司,我们要互相鼓励,互相照顾,无论什么时候,只要需要,我们就要满怀爱心地去慰藉那些需要慰藉的人们……

随着形势的恶化,罗森柏斯的高层紧急会议认为,在这时必须进行工资的临时性缩减和采取其他一些行动。豪尔·罗森柏斯于是写了第二封邮件:

[①] 选自新浪网 http://women.sohu.com/20050915/n240384692.shtml,略有改动。罗森柏斯国际旅行社创立于1892年,总部位于美国宾夕法尼亚州的费城市。该公司是全球最具实力、最大的私营专业差旅管理公司之一,在全球24个国家设立了代表处。它多次入选美国《财富》杂志评选的"美国100家最适合工作的公司"。

公司领导和员工都必须进一步做出牺牲……因此，除了在年终减少公司领导和员工10%的薪酬之外，我们别无选择。如果能有奇迹出现，旅游业务能超出我们的预期和公司要求，能够回到原来的水平，我们会立刻废除这个决定。高级职员和高层领导为降低成本做出了进一步的贡献，我减少了自己近20%的年薪，并取消奖金，其他高级官员的薪酬也大大降低了。同时我们还采取了其他措施尽量削减成本，在全公司范围内暂停雇佣政策，公司的高级领导在国内出差时乘坐经济舱……在这封信即将结束的时候，我要向你们为公司和同事的利益所做出的个人牺牲表示感谢……

接下来的三天中，罗森柏斯的高级管理层痛苦地意识到，临时性解雇是不可避免的。于是，豪尔·罗森柏斯写了第三封邮件：

……在接下来的48小时，当临时解雇变得不可避免时，许多专注、忠诚而且业务能力强的朋友会感到非常伤心……今天，暂时的乌云笼罩在一个优秀而又富有同情心的公司上空。我们公司以给予而不是索取著称。公司从来不会忘记，它最重要的资产就是我们骄傲地称为同事的优秀员工。我们也已经做出了这样的决定，以便我们的员工随着境况的改善能重返工作岗位……

之后罗森柏斯公司临时解雇了300名员工。在新的一个工作周，豪尔·罗森柏斯给他的员工写了第四封邮件：

……就在上周，在我们同事之间流露出来的关爱和同情是别人难以想象的。领导要求解雇自己，而不是他们的员工。同事们说：解雇我吧，我承受得起，但我的朋友却不能。许多同事自愿为公司免薪工作，以留住那些要被解雇的同事，我们被感动得泪流满面。被解雇的同事还要安慰那些因为带给他们坏消息而精神崩溃的领导……我们是一个多么出色的群体啊，我们必须努力工作让那些出色的员工重新回到我们的群体中。我对你们的喜爱和依恋是无法估量的……许多梦想被暂时搁置了，我们必须团结一致，共同努力，以便尽快实现那些离开了公司的员工的梦想……

随着旅游行业的好转，罗森柏斯公司的境况也在好转，已经有能力召回100多位员工。豪尔·罗森柏斯欣喜地写了第五封邮件：

……我很想告诉你们，对于你们能重返公司，我们是多么高兴。朋友们非常想念你们，他们和我一道欣喜地欢迎你们归来……当你们不在公司时,你们的朋友非常努力地工作,我知道,他们的心里装着这样一个信念,他们要努力工作使你们能尽早回到公司。我们要集中精力发展公司,你们的归来会更进一步推动公司的发展……

4周后,罗森柏斯的境况大为好转,豪尔·罗森柏斯写下了第六封邮件,也是"9·11"事件期间给员工们的最后一封邮件:

……我非常高兴地宣布,我们已经成功地让200多名被临时解雇的员工重返公司,而且随着对我们服务需求的逐步恢复,我们有望继续让更多的员工回来。我也很高兴地告诉你们,在未来6周里,如果我们行业没有遭受其他重大变故,我们计划恢复薪资到2001年9月之前的水平,这项措施将从2002年1月开始实施……据我所知,我们是旅游行业第一家着手将薪酬恢复到原来水平的公司。这是一个风险非常大的决策……你们所有人都在非常努力地工作,公司非常感谢你们。罗森柏斯会不断努力,尽其所能让你们的生活恢复正常……

事实上,2001年被豪尔·罗森柏斯认为是罗森柏斯公司的丰收年。进入2002年后,员工的薪酬恢复到了"9·11"事件之前的水平,70%被临时解雇的员工又回到了公司。

[议一议]

1. 你是如何理解"员工第一,顾客第二"这句话的?

2. 在公司决策层不得不做出临时性裁员的决定之后,"许多同事自愿为公司免薪工作,以留住那些要被解雇的同事","被解雇的同事还要安慰那些因为带给他们坏消息而精神崩溃的领导";进入2002年后,70%被临时解雇的员工又回到了公司。你觉得是什么让这些员工愿意与企业同甘苦、共命运?

3. Google[①]：全球最具吸引力的雇主

2005年7月，李开复从微软全球副总裁任上离职，担任Google公司全球副总裁、中国区总裁。他当时说，之所以跳槽到Google，是因为这家公司的文化与他个人的价值理念更加契合。他还说，加盟Google是受了他很多朋友的影响，他发现他认识的一些资深研究者和科学家去了

Google后，以前憔悴的面容消失了，变得充满了活力，而且还把工作当成一种享受。

2016年，优兴咨询的一份最新调查显示，Google为最受年轻人青睐的雇主。这份面向10306名大学生的调查，让受调查者从150个雇主中挑选5个最理想的雇主，有25%的大学生选了Google。之所以如此受欢迎，Google公司以人为本的企业文化功劳显著。

■ 开放的工作环境

在位于加利福尼亚山景城的Google总部中，轻松活泼的设置随处可见。办公室内的沙发都选用了鲜艳的颜色，员工写程序写得累了，可以躺在上面或者躲进帐篷里舒舒服服睡一觉。需要讨论问题时，员工还可以把"豆包椅"滚到一起，用屁股把它坐成自己喜欢的形状，窝在里面畅所欲言。而两位创始人拉里·佩奇、谢尔盖·布林和CEO施密特也经常脚踩滑板车，倚在桌球台上，和员工开会。

这样的办公环境，Google正在尽力移植到中国。毕竟，原汁原味的办公环境对于企业文化的传承有着不可低估的作用，这比很多跨国公司奉行的员工手册和培训课程都要有效。

在迁至新大楼前，Google中国像美国总部那样，给每个员工发了一笔"装修费"，用于打扮自己办公桌附近的区域。搬家那天，许多人对这些程序员们的装修创意赞不绝口。有人生性浪漫，把整个金属吊椅运来，缠上枫叶，摆在房间的一角；

---

① [Google]中文译为"谷歌"，是美国的一家跨国科技企业，成立于1994年，总部位于美国加利福尼亚山景城。主要在互联网搜索、云计算、广告技术等领域开发并提供大量基于互联网的产品与服务。Google目前被公认为全球规模最大的搜索引擎，它提供了简单易用的免费搜索服务。在世界品牌实验室编制的2019年度"世界品牌500强"中，谷歌位于榜首；其母公司Alphabet名列美国《财富》杂志评选的2019年"世界500强"第2位。

有人怀念自己的学生时代,就在桌子上摆满蜘蛛侠之类的毛绒玩具;还有几个人喜欢中国风,于是和同事一起,在办公室里挂上了水墨画和宝剑,门口吊起几盏小灯笼,让那里成为楼层里最醒目的区域。

Google 中国总裁特别助理陶宁说:"我们希望能和美国总部保持一样的工作精神,希望这里能够尽可能激发员工的创造力,以员工为中心,让他们在工作之外不要为别的事情操心。"Google 大厦的第二层是休闲娱乐区。这里有大型的卡拉OK厅、健身房,也有各据一隅的撞球台、跳舞机和桌面足球。这里的多数娱乐项目是从美国总部借鉴来的,但是也有"足疗"这样的"中国菜"。"这些东西,其实也可以去和周边的公司签约外包。但我们不会这么做,毕竟在'自己家里'的感觉不一样,每个员工都有身为主人的感觉,公司可以尽量满足大家的需求。"陶宁说。

在 Google 公司"十大真理"中,第四条是"网络需要民主的作风"。虽然这是一句技术上的解释,但是 Google 中国同样希望能在公司的方方面面体现员工的话语权。新大楼中的许多功能设计,都经过员工在内部网站上的两轮投票才最终确定。让员工在最满意、最自由的环境中工作,他们才能不受束缚地发挥个人的创造力。

■ 舌尖上的 Google

对许多上班族来说,每天中午的工作餐吃什么,是件让人头疼的事情。而 Google 食堂以提供各式美食闻名于世,几乎每位员工都以在 Google 食堂用餐为乐。Google 食堂的名气,丝毫不亚于公司本身。

位于爱尔兰都柏林的 Google 欧洲总部办公室

Google 食堂是自助餐,不刷卡,不付费,吃多少不限,不仅美味可口,而且很注重健康和环保。

第一，食品种类丰富。食堂内部分为中餐区、西餐区、沙拉区和现做区，菜单每天都会贴在食堂门口。某天的中餐凉菜是卤鸭翅和酸辣蕨根粉，热菜则有韭黄炒杏鲍菇、温炝双花、盐水鳜鱼、风味羊排、咸蛋黄焗龙虾，另外还有十二小时焗牛肩峰、新加坡肉骨茶、泡椒牛蛙、红酒烩牛肉、清蒸银鳕鱼、日式烤鳗鱼、清蒸多宝鱼、韩式炒牛肉，主食有印尼炒饭、过桥米线、酸汤鲅鱼饺子、手撕饼、肉夹馍等不下几十种。不管你是哪里的人、什么口味的人，都能找到自己喜欢吃的菜。

第二，菜品更新频繁。鲍鱼、龙虾、海参、鹅肝、大闸蟹、烤鸭时不时供应，三文鱼、银鳕鱼、夏威夷贝、牛排、羊腿、牛蛙、兔腿之类更是经常供应。据不完全统计，Google的厨师从2007年到2010年，开发了超过3000种甜品，而菜品的数目则多到无法计算。菜单一周七天不会重复，每天都会有特色小吃，比如麻辣烫、韩国火锅。

第三，质量上乘，口味极佳。甜点是亮点，水果派是用鲜果做，完全可与五星级酒店媲美，特别是芝士蛋糕、提拉米苏、布朗宁、杏仁蛋糕、蓝莓慕斯、黑森林、魔鬼蛋糕、红薯蛋糕，还有不定期供应的古典巧克力蛋糕、各式慕斯、焦糖布丁等，无不美味可口。

与Google的工程师们一样，Google厨师的口号是：不创新会死！每天都会有新的菜式出现，每周都有固定的一天是"菜品研发日"。中点师傅和西点师傅一起工作，发明出提拉米苏驴打滚，改变了中式驴打滚红豆馅料比较硬的口感。Google还会科学地收集大家的反馈，哪怕一道菜是咸是淡，员工都可以通过网络进行投票。

■ 轻松自由的工作状态

为缓解员工长时间端坐电脑前的紧张情绪，Google为他们提供保龄球馆、按摩房、沙滩排球场等娱乐健身场所；为了节省时间，公司过道中有踏板车可以代步。整个公司就像一个巨大而又舒适的家，每个角落都有沙发，每张桌子上都有饮料和零食，办公桌上还可以有各种各样的装饰品；甚至还可以把宠物狗带进公司或者在公司举行聚会。在这里，没有固定的工作时刻表，员工们可以根据自己的情况安排上下班的时间。员工的穿着打扮随心所欲，甚至穿睡衣或者短裤上班都没问题。每周五都会举办"感谢上帝终于到星期五了"的庆祝活动，整个公司上上下下，包括高层负责人都会聚到一起唱歌、吃饭。

创始人之一拉里·佩奇说过："公司应该像一个家庭，这很重要。应该让员工感觉自己是公司的一分子，让他们感觉公司像一个家庭。当你以这种方式对待他们时，生产力自然就上去了。我们没有过度关注员工的工作时间以及工作成果，而是持续不断地在我们与员工的关系上进行创新,为他们提供最好的条件。我们很关注员工的健康,确保他们身体健康并戒烟。"

Google 还允许工程师们将 20% 的工作时间用于自己喜欢的项目,此举是为了鼓励员工开发新产品。"其实,自由时间比例多少并不重要。Google 20% 自由时间制度的背后,有一个更重要的原则,即我们信任员工。我们放权给员工,并不会真的去衡量这个 20%,我们觉得员工会自行调整。打个比方,如果员工觉得自己正在做的某个程序非常重要,那么,这个月他可以只做这个程序;如果员工觉得公司交给他的任务更重要,那么,他可能花三个月来做,而根本不会去碰这个 20%。"李开复说:"正是这样,除了公司布置的工作之外,很多员工还能拿出额外的、让公司意想不到的新产品,比如 Gmail、GooglenNews 等产品。你可以质疑,也许这个制度的回报只有 10%,也有可能是 20%,甚至是 30%,这个我没有办法做出确切的回答。但是,我们不能用数字来进行衡量,这个制度所代表的,是公司的一种自由的风气,这种风气也是吸引人的一种途径。"

除此之外,在 Google,"免费"被当作公司文化的一部分。员工用餐、健身、按摩、洗衣、洗澡、看病都 100% 免费;每层楼都有一个咖啡厅,可以随时冲咖啡、吃点心,大冰箱里有各种饮料,免费随意喝;每位员工至少配备两台大屏幕显示器,平均每个办公室有 4～6 名员工,并且技术人员 24 小时待命,计算机或其他数码产品可以随时送修;办公大楼随处可见白色书写板,目的是方便员工随时记下各种新创意;公司内,到处都有排球场、游泳池、台球室,甚至还配备有专门的按摩师……

〔议一议〕

1. Google 在管理上的哪些做法让你感觉耳目一新?

2. Google 轻松自由的工作状态是否适合所有的企业、所有的工作?这样的状态是否意味着可以随心所欲?

4 苏州固锝：幸福企业建设的中国范本[①]

苏州固锝近些年在国内外影响很大。公司创始人、董事长吴念博不仅频频应邀出席企业管理论坛并发表演讲，还登上了清华大学经济管理学院、北京大学高等人文研究院、哈佛大学商学院、联合国教科文组织总部等著名学府和机构的讲台。

到固锝参访的人络绎不绝，仅 2017 年，苏州固锝就接待了近 700 家企业、3000 多人次的来访。很多参访者都不吝溢美之词。日本前首相鸠山由纪夫说："来到固锝之前，我觉得日本做得最好。但是来到了固锝，我的看法有了改变。科学还必须加上人心，才能变得有价值和有意义。希望固锝能够将这种理念传播到全世界。"

让固锝蜚声中外的，是固锝把中华优秀传统文化成功地应用到企业管理上，着力打造幸福企业，不仅大大提高了员工的幸福感，而且创造了企业经营的高业绩。固锝的实践，让中外企业家、学者深刻领略了中华优秀传统文化的魅力，激励了更多企业践行中华优秀传统文化。目前，不仅大量中国企业在学习、借鉴固锝模式，新加坡、马来西亚等国家的诸多华人企业也把固锝作为自己的榜样。

那么，苏州固锝是怎样将中华优秀传统文化和现代企业管理完美地结合起来，打造幸福企业的呢？固锝企业文化的核心是"敦伦尽分"。敦，意为勉励；伦，即伦常。固锝认为，每一个人在这个世界都有自己的责任和义务，无论在家庭还是在公司，每一个人都应该承担起自己应尽的职责和义务，有志于成为好儿女、好父母、好员工、好公民、圣贤文化的实践者。在具体的管理实践中，固锝主要有如下一些做法。

■ 人文关怀

固锝的人文关怀，不仅仅是关怀，还在关怀中融入了教育的内涵。固锝在公司内部倡导"家"的氛围，不仅把员工视为家人，给予无微不至的关爱，而且关爱员工的家人。人文关怀让员工愉悦，让员工信任企业和管理者。

[①] 选自《清华管理评论》2019 年第 6 期，作者曲庆、富萍萍，有删改。苏州固锝，即苏州固锝电子股份有限公司，成立于 1990 年，位于江苏苏州。现为中国电子行业半导体十大知名企业、江苏省高新技术企业。公司网址：http://goodarkgb.dzsc.com。

除了常见的福利项目外,固铻还提供许多特殊的关怀项目,例如:

1. 午餐工作会。董事长、总经理和一线员工或基层干部一起午餐,倾听他们的意见。

2. 关爱准妈妈。在餐厅设立准妈妈专用软座,制定营养菜谱,赠送育儿书籍,上下班有志工陪伴。还设有如何做一个母亲、夫妻相处之道等12门专业教育课程。

3. 关爱员工子女培育。女员工生育后有两年的育婴假,让她把孩子两岁前的基础教育做好。

4. 关爱员工长辈。每年中秋节给员工的父母或公公婆婆发月饼,连同员工自己写的一封信一并寄出。员工的父母和公公婆婆、岳父岳母年龄在80岁以上的,公司给每位老人每个月发放养老金200元。

5. 在当地医院建立固铻绿色通道,方便员工看病。

■ 人文教育

固铻的人文教育包括境教、身教、言教三个方面。

境教就是用工作环境教育人。走进固铻厂区,首先映入眼帘的是一大片菜地和芦苇塘,让人油然而生人和自然和谐相处的美感。进入办公大楼,迎面墙上是大字书写的固铻价值观"企业的价值在于员工的幸福和客户的感动"和企业家训"行有不得,反求诸己"。楼内和生产现场的走廊一尘不染,两面墙上有序地悬挂、张贴着安全作业、"幸福之家活动园地"等宣传板,以及被固铻人称为"好话一句分享"的标语,例如"人生的价值是自利利他""看不透先看淡,放不下先放松""德比于上,则知耻;欲比于下,则知足"等。在食堂用餐要光盘,收盘处有绿色通道和红色通道,光盘的员工走绿色通道,有剩饭剩菜则要走红色通道。

身教就是干部率先垂范。吴念博作为固铻"大家长",一言一行都给员工树立了表率。公司要求每个干部都要真正做到君亲师,即做德才兼备的领导、像慈母般关爱员工、做言传身教的老师。在参加课程学习、日常工作、公益活动、光盘行动等方面,固铻的干部都自觉走在员工前面。固铻要求干部在教育员工时,不要用责怪的方法,而是通过自己的言行来感化员工。

言教的主要形式是上课和讨论。上课有时请专家现场授课,但大部分时间是视频学习。学习的内容主要围绕伦理道德和因果法则,教材和视频包括《弟子规》《群书治要》《了凡四训》《稻盛和夫的经营智慧》《家和万事兴》等。固铻有30多间教室,员工每天早晨、中午都要学习,早晨的学习由公司统一组织,中午的学习则是员工自愿自发的。固铻投入最大的学习项目是全员每年脱产学习五天半。全体员工分10

批参加学习,每天从早晨八点学习到晚上八点;上课期间手机都要集中存放。固锝希望用这种特殊的学习场域来培养员工对圣贤、对学习的恭敬心,并保证学习效果。

公司董事长吴念博介绍固锝企业文化

■ **绿色倡导**

固锝秉持 4G 理念:绿色设计、绿色采购、绿色销售、绿色制造,在生产经营中践行绿色低碳,保护生态环境。公司通过工艺改善、循环利用节约电能;投入资金配置废水处理设备,改良废水处理工艺及回收使用技术,减少废水的排放;综合利用设备产生热能替代锅炉天然气;主动关闭使用化学品比较多的生产车间。固锝还号召员工养成低碳环保的生活习惯:每周一天无车日,全体员工骑车或乘公交出行;少吃肉,多吃素;厨余减量,直至零厨余。

■ **健康促进**

固锝采取多种措施促进员工健康。如:定期举办健康讲座,提升员工健康意识;倡导健康的生活习惯,鼓励员工戒烟;设立幸福医务室,建立员工健康档案;美化厂区环境,改善工作环境;定期开展对特殊岗位和特殊人群的健康检查。

■ **慈善公益**

固锝长期组织员工持续开展各种形式的慈善公益活动,让员工在帮助他人的过程中见苦知福、懂得感恩。2013 年公司成立了明德公益基金会,通过公司和员工捐款等形式积累资金,资助留守儿童等弱势群体;公司员工持续开展净山、净街、净社区活动,带动市民的环保理念;员工定期到敬老院、智障儿童学校服务,让久违的笑容重新回到老人和孩子们的脸上;关爱空巢老人、社区残疾人及弱势群体,让他们感受社会的温暖。

■ 志工拓展

固锝倡导员工参加志愿服务。固锝通过志愿者培训和志愿服务活动，培养员工以同理心与感恩心表达关爱。固锝志工首先承担了公司内部的各种接待、讲解和服务；当有员工生病住院，志工会像家人一样陪伴照料；其他还有准妈妈陪护、清洁工作、帮厨、打理幸福农场，等等。志工们还走出固锝，到企业、社区、学校去讲课、做服务，传播优秀传统文化和幸福理念。

上述这些做法并非固锝的专利，不少企业都有过类似的探索和尝试，然而成功者不多。固锝幸福企业建设之所以能带来良好的效果，首先源于领导者的理念和行动引领。董事长吴念博认为，一家企业能够教育人，让员工有正确的价值观，在此基础上承担社会责任，这样的企业才是好企业；如果一个企业仅仅为了盈利赚钱，没有把员工的福祉放在首位，这样的企业再赚钱，也不能算是好企业。从公司创办之初，吴念博就把每一个员工看成自己的家人。即使在公司最困难的时候，他的心里都想着如何让员工安心。公司刚刚开始有利润的第一个月，他就在会议中表示利润要用来提升员工的薪资福利，要让全体员工共享公司的幸福成果。

其次在于团队的力量，在于全员参与，在于员工的知行合一。2015年公司开始实行"支部建在连上"的制度，让每一个人都参与到活动中来，使幸福企业建设从以前由上至下的推行变成了现在由下至上的主动参与。

固锝的幸福企业建设之所以能顺利推进，还在于公司的科学管理。固锝在生产经营上追求"日本的品质、中国的价格、美国的速度、六星级服务"。多年来，固锝在科学管理上不遗余力：推行6S（指整理、整顿、清扫、清洁、素养、安全六个项目）和精益管理；提升研发能力，奉行"优质、高效、规范"的质量方针；全面落实"人人是安全员，人人是工程师，人人是品管员，人人是工务员，人人是清洁工"的"五个人人"活动，提升品质，提升良率，提升效率，减少浪费，降低成本。

科学管理和幸福企业建设是推动固锝发展的两个车轮，两者相辅相成，让固锝创造出了有中国特色的发展模式。公司关爱员工、教育员工，员工因为有了感恩之心、利他之心，便把企业的事当成自己家的事，一旦成为"家人"，他们便会焕发出工作热情和主人翁精神。有了这样的心态，科学管理的手段就变成了员工的自觉行动。公司员工不断在研发创新、生产经营上创造出卓越业绩，既为公司赢得了声誉，也为自己带来了更大的幸福，"员工幸福—机器幸福—材料幸福—产品幸福—客户幸福—员工幸福"的幸福之链也就逐渐形成了，固锝因而走出了一条员工、企业、社会和谐共生的可持续发展之路。

[议一议]

1. 与一般的企业相比,苏州固锝的幸福企业建设有哪些特点?

2. "敦伦尽分"是固锝企业文化的核心。对照固锝对员工的要求,想一想,在家庭里我们怎样做一个好儿女,在学校里我们怎样做一个好学生,未来怎样做一个好员工?

思考与实践

一、简答题

1. 什么是以人为本?企业"以人为本"包括哪些方面的含义?

2. 人本管理与制度管理是否矛盾?你是如何理解企业"人本管理"这个概念的?作为未来的企业员工,你认为应该如何践行人本管理的理念?

二、案例分析

阅读下面的案例,回答后面的问题。

惠普:用动力式管理取代压力式管理

在国内的一些企业中,我们常可以看到这样的标语:"今天工作不努力,明天努力找工作。"这是典型的压力式管理的思维。与这种思维不同,惠普一直推崇用引导的方式去激发员工的工作热情,我们称为"动力式管理"。

第2课　老板的工作就是让员工快乐

20世纪90年代初,在程天纵担任惠普中国区总裁时,曾经许愿在他的任期内,希望惠普的每一个员工都能够实现"五子登科"①,并且激励大家说:"只要你们努力,我尽量给大家创造一个好的平台和机会。"在担任惠普中国区总裁期间,他确实花了很大力气来改善员工的待遇:大家的薪资水平得到了成倍的增长;大家都拥有了属于自己的房子;到了90年代中后期,中国惠普的很多员工都拥有了私家车,这在那个时期是非常难得的。当然,员工的满意和热情换来了公司的高速成长,那几年也正是中国惠普最辉煌的腾飞期。

其实,员工激励并不仅限于金钱,善于表达对员工的尊重、对员工的赏识,也是一种激励。在惠普,如果某个部门圆满地完成了任务,经理人认为员工有功,就会自己掏腰包请客,以向大家表示感激,因为业绩是大家努力的结果,功劳是大家的。当然不能拿公司的钱做人情,那样员工并不认同,所以如果真要感谢部下的话,就自己掏钱请客。惠普的这种做法跟国内大多数企业的传统理念和做法不一样。国内很多企业,每当过年过节,都是员工给上级领导送礼,感谢领导对自己的"关心"和"照顾"。而在惠普恰恰相反。这反映了一种现代管理的理念。

惠普还有一个传统,那就是在惠普工作满10年的员工会得到公司赠送的股票,只要你服务满10年就给10股,尽管数量非常少,但毕竟是一种奖励,带有一定的纪念意义。

公司管理层努力让员工满意的结果,是员工努力让客户满意,从而实现了良性循环。用引导的方式去激发员工做好工作的热情比用压力和威胁要高明得多,让员工为了自己的利益而努力工作才是上策。

1. 惠普动力式管理的主要内涵是什么?

2. 与压力式管理相比,这种动力式管理有什么好处?

---

① [五子登科]"五子"是房子、车子、票子、妻子、孩子,意思是建立了美好家庭,过上了幸福的生活。

三、实践活动

2015年4月7日《南方都市报》的一则报道,让那个人间四月天蒙上了一层灰色:36岁的清华硕士、IT男猝死在加班酒店的马桶上,死前一天还跟妈妈说"太累了"。这则新闻让人们又开始关注"工作压力""过劳死"等一系列职场健康问题。

中国最大的公司点评网站"看准网",根据企业员工匿名填写的百万条公司点评数据,从压力指数角度,梳理出了压力排名前30位的公司。减轻和疏解员工的工作压力,公司负有责任;员工也要自我调节,保持身心健康。请就此话题,以第三者的身份对企业和员工分别提一些建议(各写两句话)。

(1) 对企业

① _____

② _____

(2) 对员工

① _____

② _____

四、推荐阅读

1.《顾客第二》(豪尔·F.罗森柏斯、戴安娜·麦克弗林·彼得斯著,刘震、曹芳译,中信出版社2013年版)。

2.《以人为本的企业》(苏曼德拉·戈沙尔、克里斯托弗·巴特利特著,苏月译,中国人民大学出版社2008年版)。

第 2 课　老板的工作就是让员工快乐

〔阅读体会或书摘〕

第3课　制度第一,总裁第二

——企业文化之"制度为先"

1638年9月,约翰·哈佛牧师去世前,把一半的财产780英镑和320册藏书捐给当地刚刚创立两年的新学院——剑桥学院。这所学院后来发展成为闻名于世的哈佛大学。

哈佛大学一直将这有纪念意义的320册书珍藏在学院图书馆内,并规定学生只能在馆内阅读,不能带出馆外。1764年的一场大火烧毁了图书馆,很多珍贵的图书毁于一旦,让人痛心疾首。在火灾发生前,一名学生恰巧将其中一本书《基督教针对魔鬼世俗与肉欲的战争》带到馆外阅读,使之幸免于难。第二天,他得知火灾的消息,意识到自己这本书已是那320本珍品中唯一存世的孤本。经过一番思想斗争,他找到校长,把书还给学校。校长感谢了他,然后下令把他开除,理由是他违反了校规。有人提出异议,毕竟是他使哈佛大学留下了这唯一的遗产。校长则不这么认为:他感谢那个学生,是因为他诚实;开除他,是因为校规不可违反。

哈佛的理念是:让校规看守哈佛的一切,比让道德看守哈佛更有效。法理第一,坚持制度化管理,这便是哈佛大学的行事态度。哈佛的成功源自其行之有效的制度管理体系。企业也是一样,如果一个企业不能建立行之有效的管理制度,那就不可能获得成功。

知识导航

制度，就是要求大家共同遵守的办事规程或行动准则。在汉语中，"制"有节制、限制的意思，"度"有尺度、标准的意思。这两个字结合在一起，表明制度是节制人们行为的尺度。小到一个企业，大到一个社会，都要有自己的制度。

> **经典语录**
> 有制度不执行，比没有制度危害还要大。
> ——培根（英国哲学家）

企业制度是企业组织、运营、管理等一系列行为的规范和模式的总称，是企业内在运行规律的外在形式。企业制度有广义和狭义之分，广义的制度包括企业产权制度、组织制度和管理制度，狭义的制度指企业的组织管理制度。我们所说的企业制度主要指后者，它通常可分为岗位职责类、技术标准类、业务流程类、检查激励类、民主管理类、员工行为规范类等多种类型。古人说："仁圣之本，在乎制度而已。"意思是，要形成仁德圣明、和谐共处的局面，其根本就是要有完备的制度。企业制度是员工的行为准则，是企业经营管理的依据，是企业赖以生存的体制基础。企业只有建立合理、完善的规章制度，才能规范员工的行为，规范经营行为，确保企业在正确的轨道上稳步前行。

企业制度并不等同于企业制度文化。企业制度是企业为了维持生产经营秩序而人为制定的程序化、标准化的行为模式和运行方式；而企业制度文化则强调在企业经营活动中应具有一种全体成员能够自我管理、自我约束、自觉遵守制度的机制和氛围。

企业制度文化是企业文化的重要组成部分，是塑造企业精神文化的根本保证。企业精神所倡导的一系列行为准则，必须依靠制度的保证去实现；只有通过制度建设才能规范企业成员的行为，并使企业精神转化为企业成员的自觉行动。制度文化是精神文化的基础和载体，并对企业精神文化起反作用。一定的企业制度的建立，影响着人们选择新的价值观念，成为新的精神文化的基础。企业文化总是沿着"精神文化—制度文化—新的精神文化"的轨迹不断发展、丰富和提高。作为一种约束企业和员工行为的规范性文化，企业制度文化能够使企业在复杂多变、竞争激烈的环境中处于良好的运转状态，从而保证企业目标的实现。

一个企业，其经营作风是否具有活力、是否严谨，精神风貌是否高昂，人际关系是否和谐，员工文明程度是否得到提高等，无不与制度文化的保障作用有关。当制度内涵未得到员工的心理认同时，制度只是管理者的"文化"，至多只反映管理原则和规范，对员工只是外在的约束。当制度内涵已被员工从心里接受，并自觉遵守与维护而形成习惯时，制度也就凝固成为一种文化。因此，企业的领导者不仅需要根据企业的发展目标及管理实际，制定相应的行为规范和管理制度，而且要引导全体员工在实践中不断内化，努力转变员工的思想观念及行为模式。作为现代企业员工，我们应当理解和认同企业精神、企业价值观，自觉树立规范意识，自觉遵守和维护企业制度，并能主动为企业的制度完善与创新出谋划策，为企业的制度文化建设注入源头活水。

1 远大空调[①]："没有制度是一定要败的"

1988 年，张跃与其弟张剑以 3 万元起家，在湖南省郴州市创办了郴州温泉采暖设备厂。1992 年，兄弟俩在长沙市创建远大空调有限公司，当年成功开发中国第一台直燃制冷制热设备。到 1996 年，远大直燃机技术达到世界领先水平，产品陆续销往 30 多个国家和地区，成为全球同行业第一品牌。目前正在开发生产以天然气为原料的家用空调器。远大在纳税和环保问题上一直是民营企业的楷模。在规

---

① [远大空调] 远大空调有限公司的简称，现为远大科技集团下辖子公司，成立于 1988 年，前 20 年致力于研发和生产非电中央空调主机，2005 年开始空气品质产品独创专利技术研发，产品销往 80 多个国家和地区，在中国及欧美市场占有率第一。其创始人张跃为中国十大民营企业家，中国 10 位最有价值的卓越商业领袖，2004 年获得"中国欧洲关系促进奖"和"中国商业创新大奖"。远大科技集团网址：http：//www.broad.com。

模上,它不是最大的,但远大集团已经连续十多年纳税过亿元。它的环保案例被列入了"联合国全球计划"。

让人难以想象的是,远大空调作为一家电器生产商,它的创始人、公司董事长兼总裁张跃竟不是机电专业出身,而是美术专业出身,而且只有大专学历。是什么让远大空调由一家小厂成长为在全球声誉卓著、闻名遐迩的民营企业呢?是对市场高度敏锐的嗅觉,还是对技术孜孜不倦的追求?都不是,而是管理,是制度。"我一直觉得一个企业最强的不是它的技术,制度才是决定你这个企业所有活动的基础。有没有完善的制度,对一个企业来说不是好和坏之分,而是成和败之分,要么成要么败!没有制度是一定要败的。"张跃是如此说,也是如此做的。

1995年的时候,曾经发生过这样一件事:一台运料汽车在厂区里面漏了油,吃午饭的时候,几百名员工路过那里都看见了一大摊油迹。后来张跃看到了,火冒三丈,随即下令将这件事情作为公司的典型教材,召开全体管理人员会议来谈这个问题。张跃认为:如果哪一天在远大的路面上发现一摊油或者一摊泥土没有人去打扫,而又恰巧被正在上下班的几百名员工看见了,这将比远大一台机器发生重大质量事故还要严重!因为这会给员工留下一种印象:公司对质量要求不苛刻嘛!那么他在工作中就可以随便一点,有意无意地就可能会多少犯一点错。试想,一千多个工人当中,七八百个工人都犯一点点错,这对企业的发展乃至生存意味着什么?如果在关键的时刻出这样的问题,整个企业都会被毁掉!所以必须严肃对待,也必须制定严格的制度。对这件事,人们至今仍然印象很深,后来远大再也没有发生过类似的事情。

张跃认为:"企业里的事情都是连贯的,哪一件做不好,都会产生负面影响,无论这件事有多小!"所以,制度一定要严格。"像远大这样的制造企业,如果松散的话就会出问题,尤其像我们这样质量要求苛刻的产品,工作细腻和严谨应该说是它的生命。我们的员工是从四面八方来的,带着各式各样的个性、各式各样的想法、各式各样的习惯,如果不把它统一、协调到一起,情况真的会很糟糕。"

为了让企业管理制度化、规范化,1996年远大空调成立了一个独立的制度化统筹委员会,专门负责涉及日常管理方面的各类规章制度的编写,以及各类表格的修订。用了6年时间,远大空调终于建立起一个庞大而有效的制度体系。

远大空调的制度化文件涉及每一个远大人的工作、生活和行为规范。到目前为止,公司共有文件496个(计2873条、9000多款),共计60多万字。另外,编制的

远大集团总裁张跃

应用表格有669个,每份表格都附有填表方法、传递方式、批准程序、执行要求等,覆盖到了每一位员工的每一项工作,每一个员工在企业里的每一项活动都可以随时找到相应的表格来指导执行。车间里有告示牌,告诉你工作流程,你所担负的责任,你需要完成的任务;宿舍里有环境及生活告示牌,告诉你清洁、用电要求和作息时间等;如果你要出差,你可以随手从表格箱里拿一张表格,上面有几十项目录,你该带什么东西,该做什么,该汇报什么,都一一注明了。

由于文件分类清晰、条款分明,所以任何人打开电脑或翻阅目录,只需极少的时间就可查到所需的文件内容。而常用的表格可从设于生产、生活场所的数十个表格箱里信手取得;至于常规工作要求,则可从随处可见的"设备告示牌""环境告示牌"等看板上读到。

在远大,制度的执行已经成为员工共同的使命。从生产到非生产,从大事到小事,每一项工作都精益求精、追求完美。在远大,一个普通的销售人员的发货程序是这样的:当客户付清预付款,就要向销售公司下"合同摘要","合同摘要"详细地列明了型号、特殊要求等机组情况,以便工厂安排生产。接下来,每月15号编制的"机组发货计划表",以及发货前提交的"准备发货通知单"都会不断提醒他要关注机组发货进程。而"远大供货三落实单""提货日期确认书"更要求他把发货及客户付款事宜彻底落实,以免出现任何差错或延迟而影响正常供货。

远大的制度化管理在备件管理上也起到了很好的效果。"退库清单""发货清单"是备件进出的凭据,而每月20号据售后信息填制的"备件变动月报表"和25号上报的"服务部备件消耗汇总表"则是对一个月备件流动情况的最好反映。

以上两个事例只是远大制度化管理的一小部分,但充分地说明了远大的工作流程和管理方法的严谨与精细。这已经成为员工心中的习惯和原则,以这些准则为中心的思想也正是远大的经营理念。

〔议一议〕

1. 远大编制的应用表格有669个,每份表格都附有填表方法、传递方式、批准程序、执行要求等,你觉得这些表格是不是太烦琐了?

2. 张跃认为:"一个企业不想长久经营,制度可以不要;如果要长久经营,就必须要有制度……企业的制度与企业文化有着直接的因果关系,对待制度的态度是企业文化的重要内容。"你对这句话是怎样理解的?

2 OEC——具有蒙牛[①]特色的管理制度

"管理是严肃的爱"这句口号,是蒙牛人最熟悉的一句话。企业创始人牛根生认为,建构在制度与规章之上的管辖与治理就是管理。在规章制度的执行上,牛根生推崇的是军队的管理方式。他说:"我始终认为,管理工作做得最好的是军队,所以军队的战斗力强。把蒙牛管成像军队那样,恐怕多数人受不了,但一定要学习军队的硬朗作风,任务的贯彻与执行不打任何折扣。国内外那么多的企业都在模仿美国的西点军校,蒙牛也在学,希望不只是学皮毛,而是学到真谛。"

蒙牛乳业成立之初经过全面考察,选定了海尔的OEC管理作为奠定蒙牛事业

---

① [蒙牛]内蒙古蒙牛乳业(集团)股份有限公司的简称。始建于1999年8月,总部设在内蒙古和林格尔县盛乐经济园区。蒙牛是中国领先乳制品供应商,专注于研发生产适合国人的乳制品,连续10年位列世界乳业20强。企业网址:http://www.mengniu.com.cn。

根基的管理模式。OEC 是英文 Over All Every Control and Clear 的缩写,即全方位地对每天、每人、每事进行清理和控制。具体地讲,就是企业所有的事都有人管,做到控制不漏项;所有的人都有管理内容,做到无闲人。同时,依据工作标准执行各自的工作,每日将实施结果与计划指标对照、总结、纠偏,确保各项工作向预定目标发展。这样,公司全体员工都十分清楚自己应该干什么、干多少、按什么标准干、达到什么结果;公司的所有目标都分解到每个人身上,而每个人的目标每天、每月都有新的提高。

蒙牛 OEC 管理包括个人 OEC 管理(3E 卡)和部门 OEC 管理(OEC 月度控制台账)。在蒙牛,从领导到普通工人,每人都有一张 3E 卡("3E"即 Everybody, Everyday, Everything),要求认真填写,以记录每天的工作情况、每事的完成情况。同时,这张 3E 卡还是考核员工工作绩效和决定员工收入多少的重要依据。每一个部门墙上都有一张 OEC 考核榜,这张展示牌只有 1 平方米大小,全方位地对每人、每天、每事进行综合控制。过去,蒙牛采用纸质化的、墙壁式的 OEC 管理,如今逐步运用信息化手段辅助实现 OEC 的管理需求。

在蒙牛,人人要管事,事事有人管,每个物件,就连卫生间里的干手器,都写明了责任人。如何使这个 OEC 制度落到实处呢?罚款是蒙牛采取的手段之一。这个方法看似没有什么创意,却最为有效。从基层员工到中层领导、高级主管甚至牛根生本人,都得服从这个规定。迟到、开会响手机、在食堂剩饭等都会受到处罚,罚款金额根据职位高低从 10 元到 50 元不等。与产品有关的管理更是严格。在蒙牛,罚款的次数要多于奖励的次数。惩罚在一定程度上约束了员工的行为,节约了工作成本,提高了工作效率,为企业与个人创造了更大的收益。

蒙牛 OEC 管理的另一个重要手段是严格干部考核。在领导与部属责任关系方面,坚持"80∶20"的原则,即下属出了问题,各级领导要承担大部分责任。这里面包含着一个重要理念:管理人员虽是少数,但他们是关键的因素;员工虽是多数,但从管理角度上说,却是处于从属地位的。在企业里,关键的少数制约着位于从属地位的多数。"80∶20"原则就是要抓干部,抓管理人员。把管理层管理好了,就能把每个部门的工作做好,进而整个企业的任务才能顺利完成。从集团公司的各职能部门到各事业部,都在最明显处设有干部考核栏,内容分为表扬栏和批评栏两部分。考核办法规定,表扬和批评都要有具体人名和主要事实,受到表扬和批评的干部要按规定给予加分和减分,相应加减奖金;1年内受到3次书面批评的领导干部,将免去其行政职务。经过多年的运作,开展表扬和批评在蒙牛已形成制度,中高层领导干部被点名批评乃是常事。这种动真格的表扬和批评,推动着蒙牛的管理工作不断迈上新台阶。

蒙牛独揽两项世界乳业创新大奖

在OEC管理模式下,人人有事,事事有人。责权利的紧密挂钩,促使蒙牛的管理制度得到不折不扣的执行,企业运作实现了高度规范化。1999年成立的蒙牛,至2005年已成为中国奶制品营业额第二大的公司。1999年其营业收入只有0.37亿元,2019年飙升到790.3亿元。蒙牛乳业凭借稳健的综合表现,2019年名列美国《财富》杂志评选的"中国500强"企业第132位。

[议一议]

1. OEC管理的主要内容是什么?

2. 你是否认同蒙牛的罚款制度？你能否想出更有效的管理方法？

3. 你是如何看待蒙牛的"80∶20"原则的？

3 德胜员工基本职规①

一、员工守则

1. 员工必须遵守公司的各项规章制度。

2. 坚决服从上级（包括执行长、值班长）的管理，杜绝与上级顶撞。

3. 制度督察官及质量督察长在履行督察职责时具有崇高的权力，任何员工都必须服从，不得抵抗。

4. 禁止员工议论公司的制度、处理问题的方法和其他一切与公司有关的事

---

① 选自《德胜员工守则》，周志友主编，机械工业出版社2014年版，略有改动。德胜，即德胜（苏州）洋楼有限公司，成立于1997年，是美国联邦德胜公司在苏州工业园区设立的全资子公司。德胜公司从事美制现代木（钢）结构住宅的研究、开发设计及建造，是迄今为止我国境内唯一具有现代轻型木结构住宅施工资质的企业。"TECSUN 德胜洋楼"被认定为江苏省著名商标。企业网址：http：//www.tecsunhomes.com。

情。员工对公司有意见和建议，可通过书面、短信、微信等适当方式向公司反映，也可以要求公司召开专门会议倾听其陈述，以便公司做出判断。

5. 员工必须做到笔记本不离身。上级安排的任务、客户的要求、同事的委托，均须记录，并在规定的时间内落实或答复。自己解决或解答不了的问题应立即向有关人员反映，不得拖延。杜绝问题如石沉大海，有始无终。

6. 公司实行"委托责任人与请求协助"的管理制度。各委托责任人可以委托其他人员去独立完成或协助完成委托责任人交给的工作。当委托责任人请求协助时，员工必须表明以下两种工作态度：

（1）可以协助；

（2）不可以协助，并申明自己的理由。

7. 公司永远不实行打卡制。员工应自觉做到不迟到、不早退。员工可以随心所欲地调休，但上班时间必须满负荷地工作。

8. 员工有事必须请假，未获批准，不得擅自离岗。因自然灾害或直系亲属的婚丧嫁娶等急事需请假时，须将自己的工作交接好，经上级批准后方可离开。

9. 员工正常调休者，须在 15 天前做好计划。因应急事件不能在规定时间内返回，必须先向上级说明。

10. 工作之外的时间由员工自由支配。但从事高空作业、驾驶交通工具及起重机械或第二天须比正常上班时间提早工作的人（如厨师须在凌晨 4 点起床），如前一天晚上 9 点钟以后才能休息的，无论因公因私，均须提出申请，经批准后方可推迟休息，否则按未经请假擅自离岗处理。如连续 3 天因夜晚不能保证正常睡眠时间而导致第二天工作精神欠佳者，公司将责令其停止工作，等体力及精神恢复正常后方可恢复工作。如屡次发生以上情况，公司将对该员工进行复训或做出相应的处罚。

11. 员工工作时必须衣冠整洁；不得一边工作，一边聊天；不得唱歌、吹口哨；不得打闹；不得影响他人工作。

12. 员工工作日期间，早餐及中餐（如晚上需要加班或值班则晚餐也包括在内）严禁饮酒（包括含酒精的饮料），否则在 8 小时内禁止工作。隐瞒饮酒并在酒后工作的，将予以处罚。饮酒后因公会客视同酒后工作。

13. 工作过程中，在没有确认执行长的情况下，员工有权拒绝工作并须及时报告上级。

14. 员工不得在施工现场、仓库、工作场所及其他禁烟区吸烟。

15. 员工家属到工地探亲,可在工地入住、就餐,但时间不能超过5天(6夜)。公司绝不允许家属长期住在工地。超过规定探亲时间,必须在工地以外自行解决住宿,公司可予以补助。

16. 任何员工不得向客户、有关单位借款,也不提倡员工之间互相借款。如因急需,可向公司提出申请。

17. 做错任何事情都应立即向执行长及主管反映。

18. 员工须与客户保持一定的距离。未经上级批准,不得宴请客户,不得给客户送礼(包括敬烟)。公司只以认真的工作作风及向客户提供高品质的产品和服务获得客户的尊重。

19. 员工不得接受客户的礼品和宴请。具体规定为:不得接受20支香烟以上、100克酒以上的礼品及20元以上的工作餐。

20. 公司倡导员工之间的关系简单化。员工之间不得谈论其他员工的工作表现,不得发表对其他员工的看法,更不得探听其他员工的报酬及隐私。

21. 禁止赌博。除春节前后三天外,其他任何时间都不得打麻将、打牌及打电子游戏,无论是赌博还是单纯娱乐性质的。

22. 不得故意损坏或滥用物品。员工之间如因过失或方法不当损坏他人物品时,应立即向对方主动承认并诚恳道歉,以求得原谅。

23. 员工必须讲究卫生。勤洗澡(争取每天一次)、刷牙(每天至少一次)、理发(每月至少一次)。

24. 公司提倡说普通话。说普通话是有文化、有修养的表现。

25. 讲文明,懂礼貌。员工不得说脏话、粗话;真诚待人;不恭维,不溜须拍马。

26. 员工与外界交往不卑不亢,不得对外吹嘘、炫耀公司及与公司有关的事情。

27. 员工对公司要忠实,不得散布流言蜚语,不得谎报情况,不允许只报喜不报忧。员工不得向公司提供假证书、假体检报告、假证明信等一切假文件及假复印

德胜总监在工地代岗

件或涂改过的文件。提供假文件在现代社会是极不道德与违法的行为。

28. 除总经理外,任何员工不得在公司接待私人来客。确实需要会客,须经过专门审批。

29. 所有管理人员永远不能脱离一线,每月在一线代岗或顶岗至少一天,管理人员首先必须是出类拔萃的员工,然后才是管理者。

30. 凡接受公司价值观并准备进入公司的人员,在决定接受培训之前应阅读《德胜公司新员工再教育规则》,在对其各条款认同并发表声明后方可受训。受训人员在培训期间须从事清洁、帮厨及园林护理等工作。培训合格的可转为试用员工。首次培训不合格的,公司在征得其同意后复训一次。复训期为3个月,如复训仍不合格,公司不予录用。员工培训合格后暂时留在公司管家中心工作,直至安排新的工作。

二、职场规则

31. 公司始终不认为员工是企业的主人。公司认为,企业主和员工之间永远是一种雇佣和被雇佣的关系,是一种健康文明的劳资关系。否则,企业就应该放弃对职工的解聘权。

无论员工对企业是什么态度与打算,都应该希望自己所服务的企业强大,理由有三:

(1) 员工希望自己一辈子在企业工作,希望自己的子女将来也能在企业工作,当然希望企业强大,因为企业是他终生的依靠。

(2) 如果员工想跳槽,也要希望自己服务的企业强大,因为强大的企业能成为他与新企业谈判的资本——我以前在强大的企业工作过!

(3) 当员工和企业发生纠纷而向企业索赔时,只有企业强大才能付给他更多的赔款。

三、类别原则

32. 公司将员工划分为以下类别:

(1) 有文凭有能力的;
(2) 无文凭有能力的;
(3) 有文凭无能力的;
(4) 无文凭无能力的。

无论是哪一类员工,都必须认同公司"诚实、勤劳、有爱心、不走捷径"的价值观。这个价值观也是公司对员工工作考评的标准,国家颁发的普通高校的各种学历(包括学位)证书基本不能作为员工晋级和能力考评的依据(行业证书视具体情况而定,认定方法另有专门的程序和标准)。

如果你的工作很出色,你在公司就有相对重要的位置;如果你做得一般,你的位置也一般;如果你的工作做得不好,甚至起反面作用,你的位置将由别人代替。员工自己在公司的重要性,自己是能够评价的。员工要有自知之明,对自己要有清醒的认识。公司有一条原则:"你辞职,明天就开始有新人代替你。"

四、提拔原则

33. 公司提拔员工的前提要求是:

(1)经过物业服务正式培训人员。没经过物业服务培训的,永远得不到提拔。

(2)优先提拔正式木工出师人员。其他人员若被提拔,应该在本行业具有教官、教练、师傅级别的手艺水平及资格。

(3)具备一定的年龄,证明其在本单位或在别的单位凭手艺、智慧和能力做出过重要贡献。

五、离职原则

34. 一个好的公司对某些人来说如鱼得水,对另外一些人则如喝毒药。

公司的任何一位员工都有权利做出以下选择:

(1)如果员工觉得公司的工作环境和要求不适合自己,可以愉快地辞职或者选择请长假,公司允许其请1至3年的长假出去闯荡,并为其保留职位。

(2)员工长假结束后想回公司,需先向公司提出书面申请。公司根据其是否完全认同公司的价值观、是否仍能胜任公司的工作及请长假后是否对公司造成伤害等,决定其可否回公司工作,并决定是否需要复训。经公司同意回来继续工作的,其重返公司后的实际工龄将按以下原则进行计算:原工作工龄扣除请假时间(请假时间按年计算,不满一年按一年计算,3个月以内的不计)。

如假期未满,要求回公司上班的,同样按以上规定处理。

(3)如果员工确实因为自己的身体状况或家庭原因须请长假,公司将根据情况在允许的范围内特殊解决。

〔议一议〕

1. 第 31 条:"公司始终不认为员工是企业的主人。公司认为,企业主和员工之间永远是一种雇佣和被雇佣的关系,是一种健康文明的劳资关系。"对此,你是如何理解的?

2. 对照这份职规中的员工守则 30 条,看看自己哪些方面还有欠缺,列出你觉得最应改进的 5 条,说说应当如何改进。

❹ 世界通信何以破产

美国世界通信初创于 1983 年,1999 年一度成为美国历史上规模最大的通信公司。然而,这样一家知名企业,却因财务丑闻事件于 2003 年破产。导致世界通信破产的原因很多,也很复杂,但若究其根源,则与其以人为中心的集权式管理风格和企业文化不无关系。

破产前的世界通信公司总部

成也萧何，败也萧何。世界通信的崛起与败落，都与其创始人、公司CEO伯纳德·埃贝斯紧密相关。埃贝斯在涉足商界之前曾当过美国密西西比州克林顿市一个酒吧的招待员。在每天迎来送往的招待活动中，他耳闻目睹了商界巨子们的财大气粗，暗暗立下宏愿——凭借自己的聪明才智，以最少的创业资本，在最短的时间里，创建起"速成企业集团"，及早跨入世界富豪的显赫行列。就这样，埃贝斯以"美国西部牛仔"特有的粗犷胆略和冒险特质，默默积聚独自创业所需的财力和能力。1983年，埃贝斯参加了一个企业名流宴会，将自己深思熟虑的创业计划写在了餐巾纸上——创建一家可与美国AT&T通信企业集团一争高下的"美国世界通信"。就这样，埃贝斯时时、事事、处处以"牛仔"自居，尽情发挥"牛仔"特有的放荡不羁和冒险精神，经过并购70家中小型通信公司的左冲右突，借助美国通信及高科技产业"一夜走红"的浩荡东风，迅速把一家小小的地方电信企业脱胎换骨为仅次于美国AT&T通信企业集团的美国第二大长途电话公司，一飞冲天地成为华尔街青睐的"明星企业"。1999年6月21日，公司股价攀上每股64.50美元的高位，市值则冲破1960亿美元。1999年，美国《福布斯》杂志把埃贝斯排在全美富豪第174位，身家达到14亿美元。难怪他不无自豪地宣称：是什么让美国世界通信一夜之间成为世界通信业巨子的？是他那"牛仔"式的冲动！"我是地道的'牛仔'CEO！"

然而，问题或许正出在此处。埃贝斯一手创造了公司的辉煌，是公司的顶级元老。也许是出于对埃贝斯个人能力的信任和人格魅力的崇敬，也许是出于便利，公司董事会虽然对公司业绩和大规模的并购决策比较关心，但绝少怀疑埃贝斯的决策。而公司的普通职员没有机会了解埃贝斯为公司所做的具体一切和他管理公司事务的方式，但是他们相信世界通信在不断成长，相信埃贝斯为此付出的努力。这样，在世界通信的董事会和各级管理部门中，无形中形成了一种以埃贝斯个人处事方式为基础、受埃贝斯意志支配的管理风格，以及相应的企业文化。

在这种企业文化的影响下，经过20世纪90年代中期董事会及下属各委员会的"放权"，以及埃贝斯和公司财务总监斯科特·沙利文的"集权"，世界通信以个人为中心的管理方式逐渐占据了优势地位，而包括董事会在内的权力部门对公司并购和财务报告等重大事务的知情权和实质控制权被悄悄地转移到了集权者手中。埃贝斯对公司各个层面事务的影响无所不在，沙利文则几乎掌控了财务工作的各个方面。

1999年10月，埃贝斯主导的世界通信与斯普林特公司宣布合并，合并后的公司将一举成为史上规模最大的通信公司，首次把AT&T从第一的宝座上拉下。但该项交易因触犯反垄断法未获美国及欧盟批准，2000年7月两家公司终止收购计划。

伴随着手中世界通信股票价格的高企，埃贝斯成为商界豪富，他用这些股票向银行融资以从事个人投资。然而，在公司收购美国第二大长途电话商微波通信公司后不久，美国通信业步入低迷时期，对斯普林特公司的收购失败更使公司发展战略严重受挫。从那时起，公司的股价开始走低，埃贝斯不断经受来自贷款银行的压力，要他弥补股价下跌带来的头寸亏空。2001年，埃贝斯请求公司董事会向他的个人生意提供总金额超过4亿美元的贷款及担保未果，他本人亦于2002年4月被公司解职。

长期的收购导致公司财务紧张，从1999年开始直到2002年5月，在公司财务总监沙利文和公司审计官、总会计师的参与下，公司采用虚假记账手段掩盖不断恶化的财务状况，虚构盈利增长以操纵股价。

在2002年6月的一次例行资本支出检查中，公司内部审计部门发现了38.52亿美元数额的财务造假，随即通知了外部审计毕马威会计师事务所。丑闻迅即被揭开，沙利文被解职。美国证券管理委员会于2002年6月26日发起对此事的调查，发现在1999年到2001年的两年间，世界通信虚构的营业收入达到90多亿美元；截至2003年年底，公司总资产被虚报110亿美元。

2002年7月21日，公司申请破产保护，成为美国历史上最大的破产保护案。2003年4月，公司破产重组。2005年3月15日，先前被解职的埃贝斯被判犯有欺诈、共谋、伪造罪，获刑25年监禁。该公司其他涉案人员，亦被裁定有罪。2006年1月，公司被威瑞森电信公司收购，重组成为其属下的事业部门。破产前，公司的债券以1美元兑35.7美分获偿，而股票投资者则血本无归。

世界通信破灭的原因是多方面的，有并购策略的激进冒险，有一手遮天的财务造假，有通信市场的低迷徘徊，但其根本原因，在于公司所形成的以个人为主导的管理方式，在于董事会放弃对公司决策的控制，在于空有制度、没有执行、缺少监督的体制。

〔议一议〕

1. 世界通信何以会形成以个人为中心的管理方式？我们从中可以获得怎样的启示？

2. 仅从本案例的描述来看，埃贝斯的哪一行为触犯了公司的制度？

思考与实践

一、简答题

1. 企业制度是否等同于企业制度文化？为什么？

2. 试从管理者和员工两个角度分别说说如何加强企业制度文化建设。

二、案例分析

阅读下面的案例，回答后面的问题。

虹海公司的考勤制度

虹海公司成立快三年了，是一家小公司。在公司成立之初，许多事情都由总经理一个人说了算。好在公司前两年的形势不错，经营业绩也好，所以去年公司的规模几乎扩大了一倍。

人一多，管理的问题就来了。由于历史的原因，虹海公司的许多规章制度显得不够完整，许多规定不切合实际，许多事情没有规则可循。公司最近业务非常繁忙，因此许多部门的人不时需要加班。按照惯例，公司不鼓励加班，因此也没有加班费。如果确实有人需要加班,可以把加班的时间换成倒休。

虽然对于加班没有特别的规定,但虹海公司一贯实行员工打卡制度,要求员工在上下班的时候都必须打卡。如果迟到10分钟以上,就要被扣工资。另外,员工因病事假不能上班,也会按相应的规定被扣工资。一方面要无偿加班,一方面请假要被扣工资,许多员工非常有意见。有人认为不是能不能加班的问题,而是需要有个说法,不一定要按小时计算加班费,关键的一点是自己得不到尊重。也有的员工认为努力工作完成自己的职责和任务就可以了,既然公司那么在乎有效的上班时间,迟到几分钟都扣工资,那么加班就没有理由不付加班费。而公司认为员工没有严格要求自己,在工作的事情上斤斤计较,没有表现出真正的付出和奉献精神。

于是矛盾和不解便由此产生。有人认为工作压力大,任务比过去更多了,没有办法完成;有人认为不是自己工作职责中的事情被强加给自己;也有人认为以后再也不用过分地对工作付出,得过且过就行了。大家之间的合作气氛也差了,一些鸡毛蒜皮的小事也往往引起轩然大波。员工动不动就发脾气或者争吵,有时候甚至非常委屈地自己生气。

1. 该公司员工产生不满情绪的根本原因是什么?

2. 为了缓和员工与管理者之间的矛盾,你觉得虹海公司应当进行哪些方面的改革?

3. 请以小组为单位讨论,为虹海公司制定一份新的考勤制度。

三、实践活动

某公司会议室使用完毕后,使用人员没有关闭投影设备和电灯。在公司一次例会上,行政部主管提及此事,大家发表了如下意见:

行政部主管:上周五下午谁用完会议室没关投影设备、没关灯?请各位注意节约能源,用完会议室后立即关闭用电设备。行政部曾就此发过通知,如果上述现象再被发现,公司总裁将要求行政部出台处罚措施。

甲主管:节约能源为自己,也为后代。

行政部主管:随手养成好习惯,在家里和在公司要一个样。

乙主管:建议行政部针对上述问题突击检查一段时间,引起大家的重视。

丙主管:咱也别说使用的人,大家谁看到了谁就把它关了,也就是举手之劳吧。

行政部主管:用的人都不去关,还能指望别人?

丁主管:倡导一下,还是有人会做的,这也是正能量。

行政部主管:追究责任的话,总裁会问刚才谁用了会议室,而不会问为什么没有人顺手关灯、关投影。

召开一次讨论会,从制度建设的角度,分析这些说法是否妥当。

四、推荐阅读

1.《德胜员工守则》(周志友主编,机械工业出版社2014年版)。

2.《别拿制度不当回事》(石若坤编著,台海出版社2011年版)。

第3课　制度第一，总裁第二

[阅读体会或书摘]

第4课　顾客永远是对的

——企业文化之"客户至上"

在希腊伊索寓言里，有一则发人深省的故事：

北风与太阳最喜欢抬杠了，每次都为了"谁更厉害"而争论不休。有一天，两人又为了"谁更厉害"的问题争吵起来了。这时正好有个路人走过，于是相约以路人为两人竞赛的目标："谁要是能使路人脱衣，谁就得胜。"

北风一开始就猛烈地刮，路上的行人紧紧裹住自己的衣服。北风见此，刮得更猛。路人冷得发抖，便添加更多的衣服。北风疲倦了，无奈让位给太阳。

> **经典语录**
>
> 永远不要忘记你和你的公司是干什么的，这是一个满足顾客需求、向顾客提供服务的行业。
>
> ——《新市场学》
>
> （斯坦·瑞普和汤姆森·科林斯著）

太阳最初把温和的阳光洒向路人，路人脱掉了添加的衣服。太阳接着把强烈的阳光射向大地，路人开始汗流浃背，渐渐地忍受不住，脱光了衣服，跳到了旁边的河里去洗澡。

北风用强迫的手段，无法使路人就范；而太阳，则慢慢地散发热量，使路人觉得热，自动把衣服脱了下来。对于一个企业来说，想要在日益激烈的商业竞争中立于不败之地，也应同太阳一样，不是把自己的产品强硬地塞给客户，而是要考虑客户需求，让客户愿意接纳它、选择它。

知识导航

面对激烈的市场竞争,很多企业都非常关注战略问题、成本问题、技术问题、人才问题,而往往忽略了客户服务这个企业长期生存的命脉。事实上,客户才是企业真正的老板,如果企业丧失了客户,就失去了生存的基础。所以,给客户提供卓越而周到的服务是企业发展的重要策略。

一提到服务,我们就会想起第三产业,如宾馆、饭店、旅行社、娱乐场所等,而很少会联想到第一产业和第二产业。事实上,服务理念适用的范围非常广泛,任何一个行业都有服务。比如一家企业在售出家电或者汽车后,就要提供保养、维修等售后服务;还有一些企业可以称得上是服务型企业,如戴尔电脑的口号就是根据客户的要求定制电脑,大众生产的POLO可以由客户根据自己的喜好指定汽车颜色等。

所谓客户至上,就是树立以客户为中心、以需求为导向的服务营销理念。简要地说,就是服务要达到或超越客户的期待。这里有四个重要的概念:第一是客户,即企业需要服务的对象,包括中间商和产品的终端消费者。第二是客户的期待,也就是客户怎样看待这件事情,是满意还是不满意。第三是达到,即满足客户的客观需求和心理期待。第四是超越,仅仅达到还不够,要做到最好,远远超出客户的期待,令人难忘。

客户服务的内容主要包括产品质量(产品所具有的功能和用途)、价格(购买成本)、促销(沟通交流)、渠道(购买方便性)等。其关键点是企业的产品是否让客户满意,服务行为是否让客户感动和感到亲切。首先,客户所购买的不仅仅是产品,还有期望,他们不是仅要获得冷冰冰的实体产品,更多的是要在获得实体产品的同时获得心理满足。《美国营销策略谋划》研究表明:91%的客户会避开服务质量低的公司,其中,80%的客户会另找其他方面差不多但服务更好的企业,20%的人宁愿为此多花钱。美国《哈佛商业评论》

杂志1991年发表的一份研究报告显示:"再次光临的客户可为公司带来25%～85%的利润,而吸引他们再次光临的因素首先是服务质量的好坏,其次是产品本身,最后才是价格。"因此,做好服务工作,以真诚和温情打动消费者的心,培养"永久客户",刺激重复购买,才是谋求企业长远利益的上策。其次,不满意的客户将带来高成本。企业失去的客户有68%是因为对服务质量不满意,每1位投诉用户背后都有26位同样不满但保持沉默的用户,而他们会把自己的感受告诉8至16个人,所以失去一位老客户的损失要争取10多位新客户才能弥补。换句话说,良好的服务所节省的最大成本就是换回老客户要投入的成本。

满足客户需求是企业提升竞争力的一个重要手段。但我们对客户也要有正确的认知。第一,客户永远是对的吗？客户也是人,难免会犯错。比如有的客户因为误解,大肆批评产品或销售员,有的客户故意找茬出难题,这时我们就不能纵容客户。但是要记住一点,客户是最重要的,所以面对问题时我们要委婉地处理,在不让自己受到伤害的同时,也不要伤害客户。第二,客户就是上帝吗？这是从营销的角度讲的。企业在满足客户需求过程中,要注意从"顾客是上帝"的营销观念向"顾客是朋友"的营销观念转变。只有把客户当成是真诚可信的朋友,真正建立公平、诚信、相互认可的互动型消费关系,竭诚为朋友服务,朋友才会有所回报——成为企业忠实的消费者。

作为一名未来的职业人,我们应当树立起客户至上的理念,在将来的工作中诚心为客户服务,始终以客户为中心,设身处地地为客户着想,树立以诚相待的态度。只有这样,才能不断提升企业的品牌价值和竞争力。

1　海尔:真诚何以到永远[①]

海尔有一个很著名的广告语,叫作"真诚到永远"。海尔总裁张瑞敏解释说:

---

① 选自《中国五金与厨卫》2004年第4期,作者宋荣华,略有改动。海尔,海尔集团公司的简称。创建于1984年,在原青岛(海尔)电冰箱总厂厂长张瑞敏的领导下,现已发展成为全球领先的大型家电第一品牌,目前已从传统制造家电的企业转型为面向全社会孵化创客的平台。2018年以来,其子公司海尔智家连续3年入选美国《财富》杂志评选的"世界500强"。企业网址:https://www.haier.com。

"一个企业要永续经营,首先要得到社会的承认、用户的承认。企业对用户真诚到永远,才有用户、社会对企业的回报,才能保证企业向前发展。"没有哪个企业不明白诚信对于立企、兴企的重要性,但在具体实践中各个企业的差异很大。企业能不能在理念、模式和机制上保障并发展自己的诚信呢?

■ **顾客永远都是对的**

"顾客永远是对的,"张瑞敏说,"不管在任何时间、任何地点、发生任何问题,错的一方永远只能是厂家,永远不是顾客,不管这件事从表面看来是不是顾客的错。"

一位农民来信说自己的冰箱坏了。海尔马上派人上门处理,还带着一台新冰箱。赶了200多公里到了顾客家,一检查是温控器没打开,打开温控器就一切正常了。海尔管理层却就此进行认真的反思:绝不能埋怨顾客,海尔必须满足所有人的需求,要把说明书写得让所有人都读得懂才行。

1994年夏天,《青岛晚报》发了一则报道,谴责本市一名出租车司机把顾客买的海尔空调器拉跑了。海尔知道了这个消息后,给这位顾客送去了一台空调器。这条消息再次成为新闻,社会舆论一致赞誉海尔助人为乐。但海尔人认为,这件事真正的责任还在企业身上,如果我们把空调器直接送到顾客家里,就不会出现这样的问题了。由此,海尔酝酿推出了无搬动服务。

海尔加纳销售团队

■ 服务是向用户买产品

售后服务环节不能产生利润，却要求企业较大的资金、人力和物力投入，因此不少企业把售后服务视为负担，多数是借用别人的网络代理服务。

海尔投资建立了自己的维修服务体系。因为他们担心如果依靠别人的网络，很难达到海尔的质量与服务要求，更要紧的是，海尔将会因此失去与用户沟通、了解需求信息的重要渠道。海尔认为，营销的本质不是卖，而是买，是海尔花钱向用户购买信息。

当把服务视为企业发展战略的一个关键环节时，这种服务便成为一种自觉、一种主动和有意识的行为。因为市场永远在变，如果只是满足显现出来的需求，只能跟在市场后面；如果能去寻找潜在的需求，就能成为市场的导向。

洗衣机销售淡季在每年的5月至8月。为什么夏季衣服换得勤，买洗衣机的反而少？客户反映，不是夏天不需要洗衣机，而是因为市场上的洗衣机容量都比较大，一般是5千克左右的，夏天衣物少，用起来不方便。为此，海尔开发了1.5千克小型洗衣机，不仅在国内淡季市场大受欢迎，还大量出口。

四川一位顾客反映海尔洗衣机质量不好，出水口经常被堵住。经过了解，是因为他经常用洗衣机洗红薯。技术人员得到这个信息后认为太荒唐了，洗衣机怎么可以用来洗红薯呢？但海尔认为，这是一条非常宝贵的信息，说明顾客有这个需求。后来，海尔就推出了一种既可以洗衣服又可以洗红薯、洗土豆的洗衣机。

还有一个被业界人士称颂为"用户小小遗憾，引发空调器服务革命"的故事。有位室内装潢设计师在进行装修时专门选择了海尔风管式家庭中央空调，并根据经验预留了两个出风口。实装时才发现空调出风口与预留位置有一定差异，装修留下了小小遗憾。消息辗转传至海尔商用空调部，他们当即派出专业设计及安装人员上门服务，对原设计进行整改，直到用户完全满意。事后不久，海尔集团便举行新闻发布会，继开办中央空调用户学校后，又推出空调专业设计师服务模式。

这些举动不仅使海尔赢得了用户的信赖，更使他们赢得了更大的市场。

■ 用机制保障真诚持久

从"顾客永远都是对的"到"用户打一个电话，剩下的由海尔来做"，从"真诚到永远"到"国际星级服务一条龙"，海尔的理念在延伸。

海尔认为，服务是广义的，是从了解用户潜在需求到产品的设计、制造直到送达用户的全过程。

做好一个产品，做好一段时间的工作，做好一部分顾客的工作不会很难，但要天天如此,真是太难了。怎样才能达到"真诚到永远""顾客满意到永远"呢?海尔在实践中提出并逐步完善了一些管理思路。

以创新为导向的螺旋上升的三角结构。三角的一端是市场需求,一端是产品创新,还有一端是质量保证和服务体系。需求是导向创新的来源,通过主动搜集世界各地市场的各种需求来确定创新的课题。创新课题一经确立,便被纳入质量保证体系和服务网络,保证把产品推向市场并反馈新的需求。这样不断循环,螺旋提高。

斜坡理论。经营中的组织好比是放在斜坡上的一个圆球,圆球随时都会滚下来,因此必须给它一个止动力,这种动力就是组织的基础管理。有一次,张瑞敏到日本考察一条生产线,日本老板对他说:"这里一个真正合格的贴商标的工人需要培养两年的时间。"这使他深受启发:贴一个商标没什么难的,然而把一件简单的事成千上万遍准确地做到位,肯定不是简单的事,这对质量控制是非常重要的。完成一台冰箱需要经过156道工序、545道工位,海尔把每个时间的每个动作都分解到位,每项指标都落实到人,从而造就了优质的生产线。

实施国际化战略后,海尔提出了新的口号:创造国际美誉度。他们认为,只要有钱做广告,知名度就上来了,但顾客不一定满意。质量和服务都符合相关法规要求,虽然产品有了信誉度,却没有研究顾客真正的需求。美誉度就是在知名度和信誉度的基础上,满足顾客潜在的需求。

迄今,海尔已在全球拥有10大研发基地(其中海外8个)、24个工业园、108个制造中心、66个营销中心。目前海尔在全球范围内已实现了设计、制造、营销"三位一体"的网络布局。

〔议一议〕

1. 从"顾客永远都是对的"到"用户打一个电话,剩下的由海尔来做",从"真诚到永远"到"国际星级服务一条龙",你认为其中的变化是什么?

2. 海尔认为,营销的本质不是卖,而是买,是海尔花钱向用户购买信息。你如何理解这里的"买卖"关系?

2 沃尔玛[①]：超越顾客期待

2020年美国《财富》杂志评选的"世界500强"企业排行榜中，沃尔玛名列第一。在这个榜单上，沃尔玛曾连续7年名列榜首。沃尔玛创始人山姆·沃尔顿一生最重要的成就，就是他所倡导并一手建设的公司文化。沃尔玛成功的公司文化是其所有战略得以成功实施的土壤，没有这些，沃尔玛的奇迹就不能产生。创始人山姆·沃尔顿所倡导并奉为圭臬的"顾客才是真正的老板"等文化理念和"永远提供超出顾客预期的服务"等工作原则，已被写进了美国的营销教科书。

■ "顾客才是真正的老板"

山姆·沃尔顿说："事实上，顾客能够解雇我们公司的每个人，他们只需要到其他的地方去花钱，就可以做到这一点。"衡量企业成功与否的重要标准就是让顾客——"我们的老板"满意的程度。

1. 对待顾客永恒不变的两条服务标准。沃尔玛有一条标语，每一个进入商店的人都可以看到："第一条，顾客永远是对的。第二条，如果对此有疑义，请参照第一条执行。"如果顾客对沃尔玛的商品和服务不满意，员工应"在错误中吸取教训，不要找任何借口——而应向顾客道歉。无论做什么，都应礼让三分"。

2. 永远提供超越顾客期望的服务。山姆·沃尔顿说："向顾客提供他们需要的东西，并且再多一点服务，让他们知道你重视他们。"沃尔玛的员工们尽其所能使顾客感到在沃尔玛购物是一种亲切、愉快的经历，是真正的主人。例如，当顾客询问员工某种商品在哪里时，需要做三件事：一是告诉他商品陈列在哪个地方，可满足他的需求。二是将他带到该商品处，这超出了他的期望。三是告诉他商品的优惠折扣，则大大超越了顾客的期望值。沃尔玛员工深知，仅仅是感谢顾客光临商场是远远不够的，必须竭尽全力，以各种细致入微的服务去表达沃尔玛

---

① [沃尔玛]即沃尔玛百货有限公司。它是由美国零售业传奇人物山姆·沃尔顿于1962年在阿肯色州创立的。经过近60年的发展，沃尔玛公司已经成为世界上最大的私人雇主和连锁零售商。沃尔玛于1996年进入中国，目前已经在全国180多个城市开设了400多家商场、约20家配送中心。沃尔玛在中国的经营包括沃尔玛购物广场、山姆会员商店及沃尔玛惠选超市等多种业态。

的谢意。沃尔玛相信这将是吸引顾客一次又一次光临沃尔玛商场的关键所在。

3. 三米微笑原则。沃尔玛鼓励员工做到：当顾客步入沃尔玛商场时，要使他们感觉到他们是受欢迎的。沃尔玛聘用那些愿意向顾客微笑并看着顾客的眼睛，与离自己三米之内的每一个人打招呼的员工，这就是沃尔玛所说的"三米微笑原则"。沃尔玛员工还将尽可能叫出顾客的名字。

沃尔玛1号店

4. 日落原则。今日的工作必须在今日日落之前完成，对于顾客的要求要在当天予以满足，做到日清日结，绝不延迟。所有沃尔玛员工应该在接到顾客、供应商或其他员工电话的当天日落之前对这些电话做出答复。

5. 保证满意。沃尔玛宣称："我们争取做到每件商品都保证让你满意。如果不满意，可以一个月内退货，并拿回全部货款。"沃尔玛之所以能够这样做，不仅仅是因为它在保持平价的同时，尽量采购当地的名牌优质产品，商品质量有保证，更重要的是它认为，重新夺回一个顾客所耗费的成本，比保持现有顾客要多5倍。

■ "为顾客节省每一分钱"

山姆·沃尔顿将"低价销售、保证满意"作为企业的经营宗旨，并将这条原则写在沃尔玛的招牌两边。低价销售，把低价的好处转让给顾客，为客户多节约一美元。山姆的最低价原则并不意味着商品质量或服务上存在任何偷工减料的情况。

1. 女裤理论。一条女裤的进价8美元,售价12美元,每条毛利4美元,一天卖10条,毛利为40美元。如果售价降到10美元,每条毛利2美元,但一天能卖30条,则毛利为60美元。"女裤理论"实际上就是"薄利多销"。最低价进货,大批量进货,高效率配货,尽可能减少存货,使沃尔玛做到了"天天低价,薄利多销"。

2. 节省每一笔开支,始终如一。对小镇上起家的山姆而言,他的顾客是具体生动的,他们珍视每一个铜板的价值。控制支出,保持节俭,一步步地积累,是山姆成功的秘诀之一。减少广告费用,是沃尔玛控制支出的办法之一。沃尔玛公司认为保持天天平价就是最好的广告,在零售业同行中,它的广告费用最低,但销售额最大。

山姆始终认为,沃尔玛要想获得成功,要为顾客提供低价位的商品,必须超越顾客对优质服务的期望。这位美国零售业的传奇人物倾其毕生精力为此理念而不懈努力,一直以勤奋、诚实、友善、节俭的原则要求自己,不断激励并鼓舞员工,并身体力行地实践他所倡导的一切。虽然他已在1992年去世,但随着沃尔玛业务的扩展,这些精神依然在不同的企业文化中得以体现。

〔议一议〕

1. 山姆·沃尔顿为什么说"顾客是我们的老板"?你最欣赏沃尔玛客户服务举措中的哪一做法?

2. "女裤理论"的实质是什么?沃尔玛是怎样做到"天天低价,薄利多销"的?

3　希尔顿："你今天对客人微笑了没有"[1]

企业礼仪是企业的精神风貌，它包括企业的待客礼仪、经营作风、员工风度、环境布置风格及内部的信息沟通方式等内容。企业礼仪往往形成传统与习俗，体现企业的经营理念。它赋予企业浓厚的人情味，对培育企业精神和塑造企业形象起着潜移默化的作用。

希尔顿十分注重员工的文明礼仪教育，倡导员工的微笑服务。每天他至少到一家希尔顿饭店与饭店的服务人员接触，向各级人员（从总经理到服务员）问得最多的一句话必定是："你今天对客人微笑了没有？"

苏州希尔顿逸林酒店

1930年是美国经济萧条最严重的一年，全美国的旅馆倒闭80%，希尔顿的旅馆也一家接着一家地亏损，一度负债达50万美元。希尔顿不灰心，他向每一家旅馆的员工特别交代和呼吁："目前正值旅馆亏空靠借债度日时期，我决定强渡难关。一旦美国经济恐慌时期过去，我们希尔顿旅馆很快就能云开日出。因此，我请各位记住，希尔顿的礼仪万万不能忘。无论旅馆本身遭遇的困难如何大，希尔顿旅馆服务员脸上的微笑永远是属于顾客的。"事实上，在纷纷倒闭后只剩下

---

[1]　节选自《希尔顿的宾至如归》，原载《管理案例博士评点——中外企业案例比较分析》，代凯军编著，中华工商联合出版社2000年版，略有改动。希尔顿品牌创建于1919年，1988年进入中国市场。目前，希尔顿覆盖全球116个国家和地区，总客房数量近40万间。2019年位列美国《财富》杂志评选的"美国100家最适宜工作的公司"榜首。希尔顿（中国）网址：http://www.hilton.com.cn/zh-cn。

20%的旅馆中,只有希尔顿旅馆服务员的微笑是美好的。经济萧条刚过,希尔顿旅馆系统就领先进入了新的繁荣期,跨入了经营的黄金时代。

此后,为了适应新形势,希尔顿旅馆及时添置了一批现代化设备。此时,希尔顿到每一家旅馆召集全体员工开会时都要问:"现在我们的旅馆已新添了第一流的设备,你觉得还必须配合一些什么第一流的东西才能使客人更喜欢呢?"员工回答之后,希尔顿笑着摇头说:"请你们想一想,如果旅馆里只有第一流的设备而没有第一流服务员的微笑,那些旅客会认为我们供应了他们全部最喜欢的东西吗?如果缺少服务员的美好微笑,好比花园里失去了春天的太阳和春风。假如我是旅客,我宁愿住进虽然只有残旧地毯却处处见到微笑的旅馆,也不愿走进只有一流设备而不见微笑的地方……"

当希尔顿坐专机来到某一国境内的希尔顿旅馆视察时,服务人员就会立即想到一件事,那就是他们的老板可能随时会来到自己面前再问那句名言:"你今天对客人微笑了没有?"

〔议一议〕

1. 员工礼仪与企业形象有着怎样的关系?

2. "你今天对客人微笑了没有?"传达出怎样的服务理念?

4 三株帝国的终结者

在中国企业群雄榜上,"三株"是一个绕不开的名字。20世纪90年代,三株公司曾是一个辉煌的保健品"帝国"。从1994年至1996年短短3年时间,三株公司销售额从1个亿跃至80亿元;不到5年的时间,30万元的注册资金一跃成为48亿元的公司净资产。迅速崛起的三株公司不仅达到了自身发展的顶峰时刻,更创造了中国保健品行业史上的记录,其年销售额 80 亿元的业绩在业内至今仍然无人能企及。但一次危机应对表现的不成熟,却延缓了其强势发展。

使其陷入困境的,是一个普普通通的消费者——湖南常德一位退休的陈姓老人。1996 年 6 月,陈姓老人购买了 10 瓶三株口服液,服用后引起高蛋白过敏反应,两个月后不幸去世。其家属据此向三株公司提出索赔,然而气势正旺的三株公司未与家属进行任何沟通,坚称是消费者自身的问题,不予以赔偿。遭到拒绝后的家属一气之下,一张诉状将三株公司告上法院。1998 年 3 月,法院一审宣判三株公司败诉,责成三株公司向死者家属赔偿 29.8 万元,并没收三株公司非法收入 1000 万元。

一审过后,尽管三株公司提出了上诉,在经过长达一年的诉讼期后,湖南省高级人民法院做出终审判决,官司以三株公司胜诉而告终。但是,法律上的胜诉并不能挽回其发展延缓的命运。

事件发生后,许多新闻媒体进行了广泛的跟踪报道,并进一步对三株公司的管理机制进行了深入的剖析与探讨,一时间沸沸扬扬,谣言四起,经销商与消费者纷纷退货索赔。三株口服液及其系列产品的销售额从上年的月销售额 2 亿元降至几百万元,15 万的销售大军被迫裁减为不足 2 万人,生产经营陷入空前的困难之中。一纸薄薄的诉状给三株公司造成的直接经济损失达 40 多亿元。创造中国保健业销售神话的三株公司失去了昔日的风光。

经历了这一困扰之后,三株集团在董事长吴炳新的带领下,变革创新,重整旗鼓,经过 20 多年的发展,已成为以健康产业为主的大型集团公司,成为国家科技部认定的高新技术企业。其独有的益生菌多菌共生中药发酵技术先后获得国家专利、欧盟专利和韩国专利。扶正散结合剂被国家科技部列为"国家级火炬计划项目",被国家科技部等五部委评为"国家重点新产品计划"并获国家发明专利。我们期待三株集团重振雄风,创造更加辉煌的业绩!

[议一议]

1. 三株公司在应对客户索赔的事件中有哪些失误?你认为怎样才能避免事态的进一步扩大?

2. 从客户服务的角度,说说三株公司的故事给了你哪些启示。

思考与实践

一、简答题

1. 何谓"客户至上"?你是如何理解"服务要达到或超越客户的期待"这句话的?

2. "顾客是上帝"和"顾客是朋友"这两句口号,在营销观念上有什么不同?

二、案例分析

阅读下面的案例,回答后面的问题。

顶级服务是啥样——泰国东方饭店的成功宝典[①]

客户关系管理并非只是一套软件系统,而是以全员服务意识为核心,贯穿于所有经营环节的;整套全面完善的服务理念和服务体系,是一种企业文化。

泰国的东方饭店堪称亚洲饭店之最,几乎天天客满,不提前一个月预订是很难有入住机会的,而且客人大多来自西方发达国家。泰国在亚洲算不上发达,但为什么会有如此诱人的饭店呢?大家往往会以为泰国是一个旅游国家,而且又有世界上独有的人妖表演,是不是他们在这方面下了功夫?错了,他们靠的是真功夫,是非同寻常的客户服务,也就是现在经常提到的客户关系管理。

---

① 节选自《企业导报》2003 年 11 期,作者王保新,略有改动。

泰国东方饭店外景

他们的客户服务到底好到什么程度呢?我们不妨通过一个实例来了解一下。

一位姓于的朋友因公务经常出差泰国,下榻在东方饭店,第一次入住时良好的饭店环境和服务就给他留下了深刻的印象。当他第二次入住时,几个细节使他对饭店的好感迅速升级。

那天早上,在他走出房门准备去餐厅的时候,楼层服务生恭敬地问道:"于先生要用早餐吗?"于先生很奇怪,反问:"你怎么知道我姓于?"服务生说:"我们饭店规定,晚上要背熟所有客人的姓名。"这令于先生大吃一惊,因为他频繁往返于世界各地,入住过无数高级酒店,这种情况还是第一次碰到。

于先生高兴地乘电梯下到餐厅所在的楼层。刚刚走出电梯门,餐厅的服务生就说:"于先生,里面请。"于先生更加疑惑,因为服务生并没有看到他的房卡,就问:"你知道我姓于?"服务生答:"上面的电话刚刚下来,说您已经下楼了。"如此高的效率让于先生再次大吃一惊。

于先生刚走进餐厅,服务小姐就微笑着问:"于先生还要老位子吗?"于先生的惊讶再次升级,心想:"尽管我不是第一次在这里吃饭,但最近的一次也离现在有一年多了,难道这里的服务小姐记忆力那么好?"看到于先生惊讶的目光,服务小姐主动解释说:"我刚刚查过电脑记录,您去年的6月8日在靠近第二个窗口的位子上用过早餐。"于先生听后兴奋地说:"老位子!老位子!"服务小姐接着问:"老菜单?一个三明治,一杯咖啡,一个鸡蛋?"现在于先生已经不再惊讶了:"老菜单,就要老菜单!"于先生已经兴奋到了极点。

上餐时，餐厅赠送了于先生一碟小菜，于先生第一次看到这种小菜，就问："这是什么？"服务员后退两步说："这是我们特有的小菜。"服务员为什么要先后退两步呢？她是怕自己说话时口水不小心落在客人的食品上。这种细致的服务不要说在一般的酒店，就是在美国最好的饭店里于先生都没有见到过。这一次早餐给于先生留下了终生难忘的印象。

后来，由于业务调整的原因，于先生有三年时间没有再到泰国去。然而，生日的时候他突然收到了一封东方饭店发来的生日贺卡，里面还附了一封短信，内容是："亲爱的于先生，您已经有三年没有来过我们这里了，我们全体人员都非常想念您，希望能再次见到您。今天是您的生日，祝您生日愉快！"于先生当时激动得热泪盈眶，发誓如果再去泰国，绝对不会到任何其他饭店，一定要住在东方饭店，而且要说服所有的朋友也像他一样选择。于先生看了一下信封，上面贴着一枚六元的邮票。六块钱就这样买到了一颗心，这就是客户关系管理的魔力。

东方饭店非常重视培养忠实的客户，并且建立了一套完善的客户关系管理体系，使客户入住后可以得到无微不至的人性化服务。迄今为止，世界各国约有20万人曾经入住过那里。用他们的话说，只要每年有十分之一的老顾客光顾，饭店就会永远客满。这就是东方饭店成功的秘诀。

1. 泰国东方饭店提供的服务有什么特点？试举例说明。

2. 泰国东方饭店究竟靠什么获得了骄人的业绩？对此你有何感想？

三、实践活动

每五六名同学一组,在老师的帮助下,到本专业校内或校外实训基地进行调研(至少去一家企业),了解企业关于客户服务的理念和案例,然后写一篇调研报告,并通过专题汇报的形式在班级里交流。

四、推荐阅读

1.《形象决定成败》(张端、亚梅、文华编著,中国工人出版社2008年版)。

2.《顾客至上:赢得顾客忠诚的12条黄金法则》(吉尔·格里芬著,匡安玲译,汕头大学出版社2010年版)。

〔阅读体会或书摘〕

第5课　你就不能做到百分之百合格吗？

——企业文化之"品质第一"

巴顿将军是第二次世界大战中著名的美国军事统帅。一份来自前线的战事报告反映，在牺牲的盟军战士中，竟有一半是在跳伞时摔死的。这令他十分恼火，立刻赶到兵工厂。

当时负责生产降落伞的商人考文垂，见到前来兴师问罪的巴顿，赶忙汇报说："这些年我一直在狠抓产品质量，降落伞的合格率已达99.9%，创造了当今世界的最高水平。"巴顿怒斥道："每个降落伞都关系到一个士兵的生命，你就不能做到百分之百合格吗？"考文垂苦笑说："我已经尽力了，99.9%是最高极限，再没有提升的空间了。"

巴顿怒不可遏。他走进车间，忽然从流水线上随意抓起一只降落伞包，大声地对考文垂说："这是你制造的产品，我现在命令你抱着它上飞机！"

这个伞包刚刚下线，根本未经过任何检验，万一是次品，自己就将粉身碎骨呀！考文垂吓得要命，可是迫于将军的权威，只能胆战心惊地拿着伞包，上了飞机……

还算幸运，考文垂有惊无险地回到地面。望着一脸狼狈、吓得几乎快要尿裤子的考文垂，巴顿严厉地说："从今天起，我将不定期来这里，命令你背着新做成的降落伞从飞机上跳下去。"

从那以后，巴顿再未去过兵工厂，盟军也再未发生跳伞伤亡事故。多年之后，当年的下属疑惑地问他："您是怎么想到那个主意的？"巴顿慢悠悠地答道："考文垂并非不具备制造完全合格产品的能力，只是他惯于惰性思维，按一般标准行事。只有把他和前线士兵的性命拴在一起,把他的安全和产品质量拴在一起,他才会竭尽全力。"

与性命相关的产品必须百分之百合格,其他产品又何尝不该如此呢?常言道:"千里之堤,溃于蚁穴。"一架波音747飞机共有450万个零部件,这些零部件来自6个国家的1500家大公司和15000家中小企业。在这些由成百上千乃至上万、数百万的零部件所组成的机器中,每一个部件都容不得丝毫的差错,否则,生产出来的产品不仅仅是残次品、废品的问题,而是可能造成不可挽回的损失。

知识导航

品质,即质量。企业管理专家认为,质量是由一组固有特性组成的,这些固有特性是指满足顾客和其他相关方的要求的特性,如产品规格、交货期、服务质量、价格等,并由其满足要求的程度加以呈现。通俗地说,品质就是产品或工作的优劣程度。追求品质就是精益求精,优化产品性能,创造新的产品,提高服务质量。

品质事关民族振兴。日本在二战之后经济崩溃,民不聊生。1950年日本科工联合会请有美国"质量管理之父"美誉的爱德华兹·戴明到日本指导。戴明在日本举办了多期企业品质管理培

经典语录

质量是维护顾客忠诚的最好保证。

——杰克·韦尔奇

(通用电气公司总裁)

训班,日本每5个企业最高领导人中就有4人曾听过他的讲座。戴明鼓励他们创造以用户为中心的新体系,建立质量管理机制,以耐久可靠的产品赢得市场。随后,日本产业界就把戴明的教诲落实到行动。几年后,日本汽车、电子、家电销售全球领先,并逐步发展为世界第二大经济强国。戴明被誉为日本经济的"救世主"。可以说,是企业的优良产品振兴了日本,使这个资源匮乏的小国成为世界经济强国。因此,我们只有重视品质,中国的产品才能得到世界的认可,中国的企业才能赢得世界的信赖,中国的经济才能强盛不衰。

品质是企业亘古不变的制胜之道。品质合格是企业应尽的社会责任,品质卓

越是企业对社会的贡献。质量就是准则,质量就是忠诚,质量就是责任,质量就是企业的生命。一个企业无论其产品广告有多漂亮,包装有多华丽,但是如果没有质量,那么这个企业的生命将是短暂的。日本企业家土光敏夫曾经说过:"没有沉不了的船,没有倒闭不了的企业,一切取决于人的努力。"石家庄三鹿公司的毒奶粉事件,从道德的角度看是诚信问题,从管理的角度看是质量问题。三鹿也曾经辉煌过,2005年被世界品牌实验室评为中国500个最具价值品牌之一,2006年被《福布斯》评选为"中国顶尖企业百强"乳品行业第一位,其产品畅销全国31个省、市、自治区。但其奶粉产品中含有三聚氰胺,致使许多婴儿中毒。这一事件被媒体曝光后,由于顾客索赔等因素,公司于2009年1月22日宣告破产。三鹿事件说明,一家

企业不管名气多响,牌子多老,一旦放松了质量管理,就会被顾客抛弃,被市场无情淘汰。这样的事例不胜枚举。

品质不仅事关企业的发展,而且事关用户的生命和财产安全,甚至事关国家和民族的大业。位于四川省攀枝花市的二滩水电站是20世纪我国建成投产的最大水电站,共有6台发电机组。当初国家为了扶持民族工业,与负责提供二滩电站主机设备的加拿大某公司达成协议,逐台增大国产化比例。令人不可思议的是,4台国产或相关部件国产化的机组,自安装运行始,就因止漏环损坏,逐台被迫停机检修。运行时间最短的2号机组仅运行80多天就出了问题。是不是国产零部件就真的比进口的差?后来检查的结果显示,4台国产或相关部件国产化的机组,无一例外都存在严重的止漏环损坏问题。而止漏环的损坏,问题出在螺栓上:不少螺栓的钻孔深度不达标,致使螺栓不能按要求拧入,机组运行时螺栓破损造成止漏环损坏。看似不起眼的小螺栓,给国家造成了巨大损失。

提高产品质量,打造企业的质量形象,是每一位员工的责任和义务。企业的生存发展和员工的生活息息相关。追求品质,精益求精,使产品和服务在最大程度上

获得客户的满意,就能为企业赢得更大的市场。企业发展了,我们才能分得更多的红利;工作做得出色了,我们才能获得更多的回报;把每一件工作做到极致,为社会和用户奉献精品,还能使我们从劳动创造中发现自己的价值,收获一种成就感。因此,每一位员工都要树立品质意识,在内心深处植入追求完美、追求零缺陷的质量理念,共同打造以质量为核心竞争力的企业文化。

1 德国制造业文化的启示[①]

德国,不仅是诗人、思想家和作曲家的国度,更盛产科学家、工程师、技师,并以其登峰造极的制造业,尤其是机械制造和汽车业而享誉世界。这是一个理性和浪漫同举并重的民族。

曾经身份卑微的"德国制造",在英国工业雄霸天下的时代,傲然崛起并取而代之。目前,在机械制造业的 31 个部门中,德国有 17 个占据全球领先地位,处于前 3 位的部门共有 27 个。德国制造业被称为"众厂之厂",是世界工厂的制造者。此等表现,并非偶然,而有其深刻的文化原因。中国正成为世界"制造大国",但还不是"制造强国"。我们的关键制造设备还必须依赖德国等发达国家。此外,我们引进德国设备、零部件和工艺,却不能造出与原装(德国制造)产品同样质量的产品。"德国制造"已经成为"中国制造"的重要参照物。中国制造业的崛起,必须研究和引进"德国制造"背后的文化因素,并克服近现代国民性的负面因素,开展一个制造业的文化再造活动。

■ 德国制造的产品特性

在中国,与"德国制造"最有渊源的城市,莫过于自 1897 至 1914 年曾经作为德国远东地区殖民地的青岛市。提及这段历史,中国人心中伴有隐痛,德国人心中伴有惭愧。而这段历史,客观上却促进了青岛的工业发展。而今,青岛啤酒、海尔等青岛品牌,还承载着"德国制造"的文化内涵。

据《青岛早报》报道,2006 年,德国商人亨利安来到青岛投资生产大型齿轮。

[①] 选自《企业文明》2011 年第 8 期,作者葛树荣、陈俊飞,有删改。

百年教堂大钟至今精确　不修能再跑三百年

而在他之前,亨利安家族已经有三代生产齿轮的历史。2010年6月,亨利安80岁的父亲来到青岛,父子两人游览到江苏路基督教堂时,走进塔楼,看到教堂钟表依然在正常使用。亨利安说:"当我们在钟表上看到'J.F.WEULE'这几个字,父亲很激动,因为这是德国100多年前就有名的钟表制造商。100多年前,J.F.WEULE钟表的齿轮,都是我们亨利安家供应的。"保证钟表正常运转的齿轮有小有大,总共20多个,每一个都如100多年前设计者设计的那样,严丝合缝,正常运转。教堂工作人员说,这么多年来从来没有维修过这座钟表,只是每隔三四天给这些齿轮涂抹一次机油。亨利安表示:"根据目前的情况,这些齿轮没有任何问题,还能再用上300年,真要维修时,恐怕是我的曾孙一代了。"

不仅如此,青岛啤酒厂百年前德国制造的酿酒设备、电机、变速箱、标贴机和选麦机等,至今还能使用。青岛老市区百年前德国人留下的地下排水系统,雨污分离,设计合理,无论多大雨量都能正常运行。昔日德国总督府的家具、吊灯等的每个细节的工艺都正如今天解说员面向参观者津津乐道讲解的那样神奇,引起听众阵阵唏嘘。

无论是百年前的教堂大钟、酿酒设备、地下排水系统、建筑与家具,还是今天的奔驰汽车、宝马汽车、双立人刀具,"德国制造"都具备了如下四个基本特征:耐用、可靠、安全、精密。这些可触摸的特征,是德国文化在物质层面的外显,而隐含其后的,则是"德国制造"独特的精神文化。

■ 德国制造文化内涵及关键因素对比分析

德国人理性严谨的民族性格,是其精神文化的焦点和结晶。"理性严谨"是黑格尔、康德的哲学,"理性严谨"是卡拉扬的手,"理性严谨"是德国足球,"理性严谨"更是"德国制造"的核心文化。其在制造业的具体表现,则可归纳为以下六大要素。

(一)专注精神

在德国,"专注"是其理性严谨民族性格的行为方式。德国制造业者,"小事大作,小企大业",不求规模大,但求实力强。他们几十年、几百年专注于一个产品领域,力图做到最强,并成就大业。这里所谓的"大业"特指"大事业",在业内有地位、受尊敬。这些大业者,有些今天仍是中小企业,如 Koenig & Bauer 的印染压缩机、RUD 的工业用链、Karcher 的高压专业吸尘器都是行业的全球领袖,而有些则已经成长为大企业。"大"并不是目的,而是"强"的自然结果。这恰恰印证了老子的哲学:"天下大事必作于细……圣人终不为大,故能成其大。"

1853 年由 Daniel Straub 在德国小镇盖斯林根创建的小型金属制品加工厂 WMF,即符腾堡金属制品厂,100 多年来专注于厨房用具,今天已成长为一个大企业。它是全球厨房用品顶级奢侈品牌,并成为不锈钢厨房及餐桌餐具用品的代名词。其产品包括餐具、锅具、刀具、厨房器具、餐桌用品、咖啡机等,品种超过 1.5 万种。WMF 一直是世界上大多数五星级酒店、高档餐厅的指定首选,并于近年来进入我国中心城市高档商场,是厨房中的"奔驰""宝马"。

中国制造业乃至各行业,目前还或多或少存在"超常规、跨越式放量发展"的浮躁现象,耐不住寂寞和诱惑,缺乏专注精神。而华为、万科等个别专注型企业则代表了中国企业的希望和方向。

(二)标准主义

德国人理性严谨的民族性格,必然演化为其生活与工作中的"标准主义"。德国人生活中的标准比比皆是,如烹饪佐料添加量、垃圾分类规范、什么时间段居民不可出噪音、列车几点几分停在站台的哪条线……他们是一个离开标准寸步难行的民族。这种标准化性格也必然被带入其制造业。从 A4 纸尺寸到楼梯的阶梯间距,我们今天日常接触的标准很多都来自德国。全球三分之二的国际机械制造标准来自"德国标准化学会标准(DIN)"。可以说,德国是世界工业标准化的发源地。DIN 标准涵盖了机械、化工、汽车、服务业等所有产业门类,超过 3 万项,是"德国制造"的基础。

标准主义在德国企业的具体表现首先是"标准为尊"。在德国制造的过程中,

"标准"就是法律。尊重标准、遵守标准,就像开车时系安全带和遵守红绿灯一样自然。其次是"标准为先",即在具体的生产制造之前,先立标准。奔驰公司通过实施"标准为先"的质量文化,实现"零缺陷"目标,其有效途径就是尽可能详细地完善每个环节和部件的标准。

(三)精确主义

对于标准的依赖、追求和坚守,必然导致对于精确的追求。而对于精确的追求,必然反过来提高标准的精度。前述"德国标准化学会标准(DIN)",是世界上最高的工业标准。

德国人做事讲究精确,这一点无论是在工作上还是在生活中,都表现得很突出。在德语口语中,"Genau"类似于"Yes""Ja",即"是"或"对",在口语交谈中出现频率最高,表示"精确""准确"。德国人不精确的话不说,不精确的事情不做。不少来华安装设备的德国技师,使用带水准仪的四脚梯子,先将梯子调试水平,再保证设备安装的水平。作家刘震云亲自经历了德国式的精确:"我问他们,莱茵河有多深,这让德国人很犯难——春夏秋冬四季,河水深度都不一样,他们不知道如何回答才最精确。"卡拉扬的手,曾经以德式精确,指挥柏林爱乐乐团重新演奏德国古典乐曲。他要求每个音符都必须精确无误,容不得半点含糊。正是他把该乐团带入了交响乐史上的一个巅峰时代。

德国人的精确主义,必然会带入其制造业。据《欧洲时报》报道,德国制衣业委托一家研究所重新测量和统计德国人身材的有关数据,目的是获得更准确的制衣尺寸。精确主义直接给德国制造带来了精密的特性。

相比之下,中国语言中的高频词汇则是"差不多",在表现出中国人驾驭"不确定性"功力的同时,也显示了一种负面的不求精确的模糊性和随意性。中国制造普遍精度不高的文化原因,就包括这个"差不多"文化。

(四)完美主义

在专注精神、标准主义、精确主义的递进发展中,必然产生完美主义。这四个文化要素具有明显的递进包含逻辑关联。"完美主义"是"专注精神、标准主义、精确主义"的综合表现;而"完美至臻"则是德国制造的根本特征。

追求完美的工作行为表现是"一丝不苟,做事彻底",也就是"认真"。这已经是德国人深入骨髓的性格特征。哲学家费希特在《致德意志民族》演讲中强调了这一民族性格:"我们必须严肃认真地对待一切事物,切切不可容忍半点轻率和漫不经心的态度。"德语中有一谚语:"犯错误,都要犯得十全十美。"德国人做什么都要彻底到位,不论是否有人监督,也不论是职业工作还是做家务,如果做得不完美、有瑕疵,就会深感不安。

  1984年年底,青岛电冰箱总厂副厂长杨绵绵负责到德国引进冰箱生产线。她曾回忆德国工人认真的工作表现:"我在利勃海尔看到德国一个普通的做果菜盒的操作工人,注塑出来一个果菜盒,他就欣赏一下。他的动作应该称为检查,但我从他的眼光里看到的是一种欣赏,对自己劳动成果的欣赏。欣赏之后,他就在这个机器周围一通忙活,让下一个干得更好。这种精神感动了我。我一下子看到,原来世界上还有这么认真负责的人。这个工人让我感动了很久,给了我灵魂上的震撼。我想我们也应该这么做,要想改善自己,先从认真做事开始。"后来就开始了以"砸冰箱"为序幕的海尔制造文化再造,并由此引进德国制造业文化。

认真、严谨的德国工人

(五) 秩序(程序)主义

  "标准主义"的时间维度表现是"程序主义",其空间维度表现则是"秩序主义"。广义的"秩序"概念涵盖了"程序",是个内涵很广的概念。德语"秩序"(Ordnung)一词,相关的中文含义有:整顿、整理、整齐、调理;规则、规章、次序、顺序、制度;安宁、秩序、纪律。

  德国人严守秩序。有一句谚语:"秩序是生命的一半。"德国人特别依赖和习惯于遵守秩序,离开了秩序就会感到焦虑和寸步难行。

  这个秩序感首先体现在时间管理上。德国人不分男女老幼,人手一册日程日历,每天各时段的活动,乃至圣诞节做什么,都提前计划,而不是临时即兴决定。德国社会及企业都在时间坐标轴上理性地运转着。德国人认为,与时间形成严密关系的人,才能理性地驾驭人生和工作,并有所成就。康德那钟表般的生活和工作节奏就是典型。

秩序主义在具体工作中则主要表现为流程主义。例如,在某企业德国设备安装现场,六名技师先是对着图纸和流程图开会研究,然后开始工作。看不到闲散窝工者,也看不到忙乱无措者,一切都按照程序悄然推进。总之,德国人无论是擦玻璃、做饭,还是加工零件、安装设备,"不论干什么都离不开雷打不动的两个前提:一个是程序,另一个是工具。什么程序必用什么工具,什么工具必配什么程序,不得有丝毫变通"。

秩序主义的空间表现,则是物品放置的条理性。无论是家庭中的杯子、碟子,还是领带、衬衣,乃至工作场所的文件、工具等物品,都摆放得井然有序;否则便找不到东西。所以,加上德国人的洁癖,德国企业无须推行"5S"(整理、整顿、清扫、清洁、素养),一切都在自觉之中。

(六)厚实精神

以上"专注主义""标准主义""精确主义""完美主义""秩序主义",是德国制造业文化的"工具理性"层面。而"德国制造"的坚固耐用,还有其深刻的"价值理性"基础。这就是曾一度被誉为普鲁士精神,并继而成为全德意志人精神的"责任感、刻苦、服从、可靠和诚实"。其中的"责任感、可靠和诚实",可以用中文的"厚道实在"表达,简称"厚实精神"。这使得"德国制造"在设计和材料使用上,实实在在地考虑用户利益,注重内在质量胜过外观和华而不实的功能。德国汽车的安全系数和耐用性,明显超过一些竞争对手。

"责任感、可靠和诚实"使得德国无假货,并且货真价实。"责任感"使得德国严肃地承担战争责任,并得到国际社会接纳。德国人对工作负责、对客户负责、对产品负责,并以人的可靠和诚实,保证了产品的可靠和真实。总之,"德国制造"的厚实外观与表现,来自其制造者的厚实精神。

■ 中国制造业的文化再造

借鉴德国制造业文化的六大要素,中国制造业必须以开放的胸怀进行文化再造。文化再造的重点是"理性",难点是"国民性改造"。

北京交通大学原校长万明坤指出:"德国人并不把勤俭务实、遵纪守法当作是一种对自己难受的约束,也不把忠厚诚实、信守承诺看作是一种付出。他们自觉地这样做完全是出于一种理性的考虑,即只有这样才能保证一个社会高效而有序地运转。这是一个现代国家的公民应有的素质,也是一个现代国家必不可少的条件和重要标志。一个理性的民族才是一个真正成熟的民族。"

严谨理性制造业文化建设的最大障碍是近现代国民性。我们的老祖宗,并不是今天的样子;我们的明清家具,钉是钉,铆是铆。只是在近现代,由于离道失德加速,出现了所谓颇具负面含义的国民性问题。当年鲁迅曾把中国落后的原因归结为国民性问题,并特别提出,"不认真和做戏"是中国落后的原因,必须改掉。

关于国人不认真的一个经典观点来自美国人亚瑟·史密斯所著的《中国人德行》。他指出:"中国人不守时、不精确、不认真,是对待事物特有的幽默。"鲁迅对此书极为重视,并称此书足以"立此存照",希望国人把它当作镜子,"看了这些,而自省,分析,明白那几点说的对,变革,挣扎,自做工夫,却不求别人的原谅和赞赏,来证明究竟怎样的是中国人"。鲁迅一生致力于用文学改造国民性。然而,在宏观社会层面,文学只能描写国民性,无法改造国民性。

我们可以用企业文化来改造国民性。张瑞敏指出:"名牌也应该代表先进文化的前进方向。如果是一个名牌,一定有丰富的文化含量,因为一个名牌是名牌创造者素质的外化,或者说名牌是一个国家或者民族素质的外化。员工的素质高,才能够创造出名牌。"海尔员工素质提高的必要途径就是利用企业文化改造了海尔员工的国民性。张瑞敏对于中国人的做事习性曾做过准确概括:"中国人做事不认真,不到位,每天工作欠缺一点,天长日久就成为落后的顽症。"海尔以"砸冰箱"文化仪式为序幕、以 OEC 制度为落地手段,经过 20 多年的努力,终于最大限度地根治了不认真的国民性,建立了认真文化,并成就了一个世界名牌。因此,我们可以借鉴海尔经验,从改造国民性的高度来再造中国制造业文化。

我们还需要通过秉承道德文化来改造国民性。"道德"是中华民族共同的精神家园。我们必须尊道贵德,弘扬民族固有的"厚道精神",以制造出厚道的产品。

〔议一议〕

1."德国制造"何以享誉世界?作者认为是哪些因素支撑着"德国制造"的品质和声誉?

2. 作者从民族性格的角度剖析了德国制造业文化形成和发展的根源。联系实际,谈谈我们应当如何通过改造"国民性"来建设中国制造业的文化。

❷ TPS:丰田①的精益生产模式

——丰田模式的启示

20世纪80年代,质量文化和质量革命推动日本从"质量低劣之国"一跃成为"世界质量大国",其汽车、家用电器产品甚至直接威胁到美国产品在世界上的竞争地位。在日本企业崛起的过程中,堪称经典的是丰田生产模式(TPS)。作为丰田公司的核心竞争力和高效率的源泉,该模式成为诸多国际企业争相效仿的榜样。

TPS(Toyota Production System)生产模式源自丰田公司的基本理念"为客户提供更好的产品",也就是"为实现企业对员工、社会和产品负责的目的,以杜绝浪费的思想为目标,在连续改善的基础上,采用准时化与自动化的方法,追求制造产品合理性的一种生产方式"。在这里,"更好的产品"包含了两层意思,一是要提供给客户"高品质的产品",二是要以"满意的价格"为客户提供产品。为了确保实现以上两点,丰田公司在生产中采取了一系列措施,从而形成了现今我们所熟知的丰田生产模式。

第一,为了实现稳定的高品质生产,从细微处着手,把所有的工作分化为一个一个相互衔接的流程,并规定好各流程的作业内容、所处的位置、作业时间和作业

---

① [丰田]即丰田汽车公司,由丰田喜一郎创立于1933年,总部设在日本爱知县丰田市和东京都文京区,前身为日本大井公司,现隶属于丰田集团。丰田是日本最大的汽车公司,自2008年起逐渐取代通用汽车公司成为全世界第一位的汽车生产厂商。其旗下品牌主要包括雷克萨斯、丰田等系列车型。公司中国官网:http://www.toyota.com.cn。

天津一汽丰田汽车生产线

绩效。

例如,在汽车座椅的安装活动上,螺丝的安装都以同样的顺序进行,安装的时间也是规定好的,甚至连上螺丝的扭矩也规定得清清楚楚。前座椅的安装被分解为7道工序,在流水线上均速、按序通过操作人员,整个工序的时间为55秒。如果一个工人在第4道工序(安装前座椅螺丝)之前去做第6道工序(安装后座椅螺丝),或者40秒之后还在从事第4道工序作业(一般第4道工序要求在31秒完成),这说明这个工人的作业违背了规定。为了能及时发现这种状况并加以纠正,丰田公司精确计量了流水线通过每道工序的时间和长度,并按通过的时间和长度在作业现场标上不同颜色的作业区,如果工人在超过的作业区仍然实施上一道工序的工作,则检测人员就能够很容易地发现,并及时加以纠正,防止工人再出错。

在丰田公司,各项作业流程的规定、实施和监督都是由现场作业人员通过相互讨论、学习而形成的。这种由下而上的柔性管理模式不仅能激发作业人员的积极性,而且能够及时发现问题、解决问题,保证生产的优质与高效。

第二,在工作中坚持不让任何一件次品流入下一个工序的底线,在每个流程都力求严谨完美,从而保证得到高品质的产品。

为了达到这一目的,丰田公司采用了全面质量管理(Total Quality Management, TQM),它强调质量是生产出来的而非检验出来的。因此,产品的最终品质应该由生产中不计成本的质量管理来保证。在每道工序进行时均注意质量的检测与控制,保证及时发现质量问题,培养每位员工的质量意识。在丰田的生产线上,每个工位都设置了可随时停线的"按灯"拉绳装置,悬挂在醒目位置上的光电显示板会同步显示相关信息,一出现异常就可以立即采取措施予以排解。如果某位员工发现问题,则会立即停止生产直到问题解决,从而杜绝问题产品流入下一个流程。

第三,通过不断改善(排除不必要的程序)以降低产品成本,确保产品拥有一个顾客满意的价格。丰田公司的生产现场安装有诸如省力座椅、防呆预警器等智能化设备,彻底排除生产中的不必要流程。只有着力消除生产中的一切浪费,才能实现成本的最低化,从而确保产品的合适价格,并最终达到企业利润的最大化。

几十年来,丰田公司一直是在"丰田生产模式"的指导下从事企业活动的,这种严谨踏实、精益求精的企业精神已经牢固地树立在每个丰田人的心中。也正是这种模式的空前成功,使越来越多的日本企业甚至国际企业开始重视质量文化,不断提高劳动生产率与市场满意度,并创造出惊人的业绩。

〔议一议〕

1. 丰田精益生产模式是基于怎样的理念提出来的?

2. 丰田精益生产的主要措施有哪些?对比丰田的管理措施,想想我们的实训教学有哪些地方需要改进。

3 大国工匠　为国铸剑

——记沈飞工业集团①的方文墨们

在2015年的"9·3"大阅兵中,5架歼15战机依次飞过天安门上空,那如同碧海飞鲨一般矫捷壮美的身影,至今仍铭刻在人们的脑海中。

然而很少有人知道,零件的精度决定了战机的性能,很多精密零件都出自手工打磨。歼15作为中国第一款舰载战机,机身上的大部分零件数量少、精度大,生产时困难重重。

沈飞工业集团承担了歼15战机70%的精密零件的手工制造和手工打磨工作,堪称是国产新型隐形战机和航母舰载机的幕后功臣。而其中做出重大贡献的就是沈飞工业集团历史上最年轻的高级技师、"80后"钳工方文墨带领的团队。

在飞机制造中,钳工负责零件最后一道手工精密加工程序,其精细程度、艰苦程度和枯燥程度都是常人难以想象的。平心而论,方文墨并不适合做钳工。188厘米的身高让他的重心过高,每天必须弯着腰操作机器;而100公斤的体重则让窄小的操作台显得捉襟见肘。然而出身于航空世家的方文墨从小受到祖辈、父辈的耳濡目染,怀有飞天报国的情怀和梦想。为了成为一名优秀的钳工,他把家中的阳台改成了练功房,每天苦练基本功。每天八九个小时,反复8000多次的搓修动作,让方文墨身上的衣服被汗水湿透,他的体重一斤斤掉下来,背也一寸寸驼了。正常情况下,钳工一年会换十多把锉刀,而方文墨一年换了200多把。为保证手掌对加工部件的敏锐触觉,他坚持每天都用温水泡手除手茧;为避免手受伤和工作时手抖,他不得不远离心爱的篮球;有一斤酒量的他,索性把酒也戒掉了。

最终,方文墨在26岁时夺得全国钳工比赛冠军,凭借着自己的努力走进了沈飞工业集团军品厂车间,甚至拥有了自己的班组,获得全国技术能手称号,荣获全

---

①　[沈飞工业集团]沈阳飞机工业(集团)有限公司的简称。1951年6月我国创建"国营112厂",1986年1月更名为沈阳飞机制造公司。1994年6月,经国家经贸委批准,在原沈阳飞机制造公司的基础上,裂变组建了沈飞工业集团。该集团现已形成军品、民机、民品、第三产业四位一体的发展格局。

国"五一劳动奖章"。教科书上,人的手工打磨精度是千分之十,而经他加工的零件精度达到了千分之三,这是数控机床都很难达到的——相当于头发丝的二十五分之一,中航工业将这一精度命名为"文墨精度"。方文墨曾经向央视记者进行过蒙眼加工试验,精度让人叹为观止。

在同行业有了名气之后,一些民营企业纷纷找上门来。早在2010年,就有一家南方的民营企业开出年薪40余万元的条件,想把他挖走。这可是他当时年收入的几十倍。经过一番思想斗争,方文墨最终还是决定留下来。他说:"这么多年来,是沈飞培养了我,我不能翅膀稍微一硬,就心里长草,远走高飞。做人还是要讲良心的。"他还说:"我的根在沈飞,三尺钳工操作平台就是我心系蓝天、创新超越、实现梦想的最好舞台。"他的想法很单纯:坚守岗位,在报效航空事业的理想中实现自己的人生价值。

中航工业沈飞钳工方文墨(右一)

2013年年初,"方文墨班"成立。"方文墨班"秉承"航空报国,强军富民"的理念,以成为"青年成才的诞生地、安全生产的实践地、攻坚克难的根据地、技术创新的发源地"为班组建设的目标,以"让理想接地气,让人生更有价值"为班组文化核心。基本功的训练是为了更好地在平时对零件进行精加工。2018年,他带领徒弟们开始了新一轮的训练。每天下班后,都要进行近5个小时的基本功训练。4月底的一天晚上11点训练结束后,方文墨回家途中被逆向行驶的汽车撞翻在地,造成半月板撕裂性永久损伤。但他硬是不让徒弟们到医院陪护,让他们安心工作。这一年沈阳市、辽宁省、全国职业技能大赛中,他的徒弟分别包揽了钳工工种第一名的好成绩。他说:"徒弟们有了好的成绩,就证明我们的航空产品有了更高的保证,就是腿折了也值了。"在他的班组里,有7人获得高级技师职业资格,有一半以上的成员获得沈阳市技术大王、沈阳市技术标兵、沈阳市技术能手、公司技能带头人等荣誉称号。"方文墨班"先后荣获全国工人先锋号、全国安康杯竞赛优胜班组、辽宁省优秀质量信得过班组、沈阳市工人先锋号、中航工业沈飞"六型"星级班组、"青年决胜突击队""金牌班组"的称号。

古人说："工欲善其事,必先利其器。"沈飞工业集团的职工们自发地琢磨加工方法、改进模具,发明创造蔚然成风。单单方文墨一人,就改进各种刀、量、夹具100多种,改进工艺方法60余项,取得了3项国家发明专利和实用新型专利。

在沈飞工业集团有一条星光大道,上面闪烁的不是光鲜亮丽的明星,而是一个个普通的名字,他们都是为中国的战机事业做出过奉献的劳模们。一代又一代的沈飞人一手托着国家财产,一手托着战友生命,荣誉和责任让他们从未放慢精益求精、追求极致的脚步。

〔议一议〕

1. 初入沈飞工业集团,方文墨遇到了怎样的困难?他是怎样克服这些困难的?你从中获得了哪些启示?

2. 在沈飞工业集团,像方文墨这样的职工很多。沈飞工业集团为什么会形成精益求精、追求极致的氛围?员工的个人努力与企业精神之间存在着怎样的关系?

4　金螳螂[①]：造就精品中的精品

在金螳螂看来，"树立一个品牌是一项长期艰苦的工程，但毁掉一个品牌可能只需要某一次的质量、安全或服务不到位。公司必须保持着如临深渊、如履薄冰的姿态，扎扎实实做好每一项工作"。2006年10月，金螳螂凭借良好的声誉和工程质量一举揽下国家体育场（即"鸟巢"）二层环绕体育场一周的12个核心筒中的8个装饰装修任务。"鸟巢"的装饰装修没有出任何纰漏的余地，每一项技术指标都要达到国内甚至世界的最高水平。公司从进入工地的那天起，就决心要把"鸟巢"项目打造成精品中的精品。

在金螳螂的施工现场，所有工人都穿着整齐的工作服，佩戴统一的安全帽；所有

金螳螂办公楼大厅

---

① [金螳螂]苏州金螳螂建筑装饰股份有限公司的简称。这是一家以室内装饰为主体，融幕墙、家具、景观、艺术品、机电设备安装等为一体的专业化装饰集团。该企业连续17年成为中国建筑装饰百强企业第一名，连续多年入围"中国民营企业500强""中国最具竞争力建筑企业100强"，2019年登榜美国《财富》杂志评选的"中国500强"企业。企业网址：http://jtl.sina.dichan.com。

装饰材料,无论是钢管还是木条,全部整齐地摆放在核心筒内环的小角落里;醒目处张贴着"小心坠物""请佩戴安全帽"一类温馨提示;宣传栏里张贴着图文并茂的安全施工图册……规范的现场管理,颠覆了建筑工地留给人们脏、乱、吵的惯有印象,成为"鸟巢"装饰工程所有分包企业的标杆。在"鸟巢"施工的过程中,"细节决定成败"这句话一直挂在项目经理成广祥的嘴上。"鸟巢"的装修工程到底有多细?他举了三个例子。

■ 一支钻头打10个洞

在"鸟巢"的施工过程中,龙骨、轨道板等主材都是由国家统一采购的,只有一些螺丝钉等辅材由金螳螂负责采购。这些辅材买回来之后,必须经有关部门的层层质量检测,合格后才能投入施工。"鸟巢"所用的龙骨与公司平时用的龙骨不一样,硬度和厚度都要高出一倍,施工人员用钻头在上面钻洞,直径3毫米的钻头,平均一支钻头只能打10个洞,因此,要一麻袋一麻袋地往里面送钻头。整个工程完工后,一共用掉了上万支这样的钻头。

■ 换只扶手要拆一面墙

卫生间的装修麻烦主要是坐便器的安装。图纸上设计的坐便器是挂在墙上的,但"鸟巢"墙壁是空的,中间是两层板材,坐便器挂在上面之后,过了一段时间就出现了沉降的现象。因此,必须重新调整。这时就要将整面墙拆下来,在两层木板中间再加一层钢板,然后再用螺丝把坐便器固定在钢板上。

2008年5月28日,"鸟巢"举行测试赛之后发现,残疾人使用的卫生间扶手位置要再调整一下。如果是普通的建筑,调整这样的扶手很简单,把螺丝换个位置就可以了。但是在这里,并不是处处有钢板的。因此,即使是调整一只小小的扶手的位置,也要拆掉一面墙,在两层木板中加入一块可以装固定螺丝的钢板,然后再挪位置。

■ 水泥地面分四层铺设

在"鸟巢"第二层,现在看到的地面上铺设了地毯,而从这块地毯之下到最基础的混凝土之间,总共做了四层平均7～10厘米厚的地面基础。按照施工程序,首先是平整地面,然后做防水;接着铺一层能起到保温、垫高并能减轻楼板负荷作用的继塑板;再次,在继塑板上铺设一层钢丝网;最后一层,也是难度最高的一层,做一次成型的混凝土地面。所谓"一次成型",就是地面在浇注混凝土的时候,要垫高、找平、打磨同时进行,这样一来,地面就不会脱壳,但是施工难度相当大,100个工人一天只能做300平方米的地面。在找平的时候,工人使用了红外线测试仪器,使地面保持很精确的平整度。大伙笑着说,这块地面做下来,世界上就没有我们金螳螂做不平的地面。

在"鸟巢"项目中,金螳螂人用他们出色的技术、一流的质量和文明的施工,赢得了总包方和其他单位的一致好评。北京奥运会组委会对金螳螂的工程质量和现场管理也给予了充分肯定,工程总包方中信国华对公司的领导说:"细腻的现场管理不应是金螳螂的'专利','鸟巢'工地所有的施工单位都要追求金螳螂的工程品质。"

〔议一议〕

1. 在"鸟巢"装修过程中,金螳螂在施工管理和施工标准上有哪些值得学习的地方?

2. 金螳螂人说:"树立一个品牌是一项长期艰苦的工程,但毁掉一个品牌可能只需要某一次的质量、安全或服务不到位。"联系实际,谈谈你对这句话的理解。

思考与实践

一、简答题

1. 什么是品质?你是怎样认识品质与企业发展、民族振兴之间的关系的?

2. 你认为企业产品和服务品质可以通过哪些手段和途径来提升?

3. 日本企业界有一句名言:"我们保证产品质量的关键在于10%的技术加90%的态度。"你是如何理解这句话的?

二、案例分析

阅读下面的案例,回答后面的问题。

上帝偏爱她,让她洗厕所

在日本有一个广为传颂的小故事:

1985年,一个出自名门望族的妙龄女子来东京找工作,幸运地进入了东京帝国酒店当服务员。这是她涉世之初的第一份工作,她将从这里正式步入社会,迈出她人生的第一步。她非常激动,暗下决心:一定要好好干!但令她想不到的是,她的工作却是:洗厕所!

洗厕所!这个工作说实话没几个人愿干,许多人都觉得在酒店洗厕所,要把自己的脸都丢光了,碰到熟人会非常不好意思,更何况一个妙龄女子呢?她从未干过粗重的活儿,细皮嫩肉,又喜爱洁净,干得了吗?

在强烈的心理暗示下,加上洗厕所时在视觉、嗅觉及体力上的感觉,她十分难受,忍受不了。当她用自己白皙的手拿着抹布伸向马桶时,恶心得几乎呕吐!但是上司对洗马桶的工作质量要求特别高,同时也非常简单:光洁如新!

她当然明白"光洁如新"的含义是什么,她当然更知道自己不适应洗厕所这一工作,真的难以实现"光洁如新"这一高标准的质量要求。因此,她陷入困惑、苦恼之中,也哭过鼻子。这时,她面临着人生第一步怎样走下去的抉择:是继续干下去,还是另谋职业?继续干下去——太难了!另谋职业——知难而退?人生之路岂可打退堂鼓?她不甘心这样败下阵来,因为她想起了自己初来乍到时曾经暗下的决心:人生第一步一定要走好。

在这个关键时刻,一位主管及时地出现了,他帮她摆脱了困惑、苦恼,帮她迈好了这人生第一步,

日本前邮政大臣野田圣子

更重要的是帮她认清了人生路应该如何走。事实上,他没有用空洞的理论去说教,只是亲自做个样子给她看了一遍。

首先,他一遍遍用刷子刷,然后冲洗;再用粗砂纸去磨那些难以刷去的污垢;对磨不去的污垢,就戴上手套,拿小刀去刮,连马桶垫圈边缘的那些地方也不放过;冲洗后用粗棉纸擦干,再用细砂纸仔细地磨一遍,最后用细棉纸擦拭干净。去除这些污垢后,这位主管放水冲干净马桶,然后再放一次水。这时他取过一个杯子,从马桶里盛了一杯水,一饮而尽,竟然毫不勉强!

实际行动胜过万语千言,他不用一言一语就告诉了她一个极为朴素、极为简单的道理:要把马桶刷到"光洁如新",要点在于"新",新则不脏,因为不会有人认为新马桶脏,里面的水是可以喝的;反过来讲,只有马桶中的水达到可以喝的洁净程度,才算是把马桶抹洗得"光洁如新"了,而这一点已被证明可以办得到!

看到主管意味深长的目光时,她从身体到灵魂都在震颤。她目瞪口呆,热泪盈眶!她痛下决心:"就算一生洗厕所,也要做一名最出色的洗厕所人!"

从此,她像是换了个人,她的工作质量也达到了那位主管的高水平;为了检验自己的自信心和工作质量,她多次喝过自己清洗后马桶里的水。十多年一瞬而过,当她37岁时,她成为日本政府的邮政大臣,是当时日本最年轻的内阁成员。

她就是野田圣子。

1. 在野田圣子准备打退堂鼓时,那位主管亲自示范,并且洗完后从马桶里盛了一杯水一饮而尽。这个细节传达了哪些信息?

2. "就算一生洗厕所,也要做一名最出色的洗厕所人!"说说你从野田圣子身上学到了哪些东西。

三、实践活动

每 5 人一组,在老师的帮助下,到本专业校外实训基地和合作企业调研、采访(每组至少采访一个单位),了解企业关于质量管理的口号和案例,然后写一篇 1000 字左右的报道(配数张照片),通过专题汇报等形式在班级中交流。

四、推荐阅读

1.《细节决定成败》(汪中求著,新华出版社 2004 年版)。

2.《工匠精神》(付守永著,中华工商联合出版社 2013 年版)。

〔阅读体会或书摘〕

第6课 大雁为什么编队飞行？
——企业文化之"团队合作"

春来秋去的大雁在飞行时总是结队为伴，队形一会儿呈"一"字形，一会儿呈"人"字形。大雁为什么要编队飞行呢？

原来，大雁编队飞行能产生一种空气动力学的作用，一群编成"人"字形飞行的大雁，要比具有同样能量而单独飞行的大雁多飞70%的路程。也就是说，编队飞行的大雁能够借助团队的力量飞得更远。

一支队伍中最辛苦的是领头雁。当领头的大雁累了，会退到队伍的侧翼，另一只大雁会取代它的位置，继续领飞。

大雁的叫声热情十足，能给同伴带来鼓舞，它们用叫声鼓励飞在前面的同伴，使团队保持前进的信心。

第 6 课　大雁为什么编队飞行?

当一只大雁脱离雁群时,它会立刻感到独自飞行的吃力和迟缓,其他大雁就会用叫声提醒它保持方向,很快它就会尽力飞到队形中,借助整个雁群带来的浮力继续飞行。

当有大雁生病或受伤时,就会有两只大雁来协助和照料它飞行,日夜不分地伴随它的左右,直到它康复或死亡,然后它们再去追赶前面的队伍。

大雁结伴飞行的现象能给我们哪些启示呢?——团队的力量总是大于个体的力量;共同的目标能够激励每一个人奋勇向前;团队中的每一个成员都有责任和义务彼此提醒、相互激励,使团队始终保持充沛的战斗力;团队的每一个成员都有责任和义务帮助团队的其他成员,互相提携,共同前进。大雁都如此重视团队的力量,更何况我们人类呢?

知识导航

所谓团队,是指为了实现某一目标而由相互协作的个体所组成的正式群体。一个团队的构成有五个要素:一是目标。没有目标,团队就没有存在的价值。二是成员。成员是构成团队最核心的力量,两个及两个以上的人就可以构成团队。三是定位。团队及其成员正确的定位是团队活动顺利开展的前提。四是权限。权限是指为了保证职责的有效履行,成员必须具备的对某事项进行决策的范围和程度。五是计划,即行动方案。它是成员分工合作的依据,是团队实现目标的保证。

所谓团队合作,是指一群有能力、有信念的人在特定的团队中,为了一个共同的目标而相互支持、合作、奋斗的过程。团队合作往往能激发出不可思议的潜力,正所谓"同心山成玉,协力土变金"。正因为如此,现代企业非常看重员工的团队合作能力,不

> **经典语录**
>
> 最好的 CEO 是构建他们的团队来达成梦想,即便是迈克尔·乔丹,也需要队友一起打比赛。
>
> ——查尔斯·李
> (美国通用电话电子公司董事长)

仅在招聘员工时把团队合作能力作为考量的标准之一,也把团队精神和团队合作能力作为员工培训的重点。

那么,作为未来的职业人,我们应该如何提升自己的团队意识和合作能力呢?

第一,树立全局观念。根据团队的目标和任务以及个人的能力、个性等给自己合理定位,不要总想成为团队中的明星,要考虑团队工作的需要,服从分工,甘当配角。

第二,互相尊重与信任。这是团队合作的基础。每个人都是独特的,人与人之间有着性格与气质、兴趣与爱好的差异,要相互尊重,不戴有色眼镜。信任能让人放下顾虑,更积极地投入团队工作;反之,成员之间相互猜疑甚至诋毁,所产生的负面能量足以瓦解团队。因此,要学会欣赏他人,学会换位思考,彼此坦诚相待,这样才能营造出和谐融洽的气氛,使团队资源形成最大限度的共享。

第三,团结互助。最好的团结就是认同团队的目标,既有分工又有合作,齐心协力,彼此配合。正如美国人际关系大师哈维·麦凯所说的那样:"如果需要帮助,就请求别人提供;如果别人需要你的帮助,就提供给别人。"

第四,培养敬业精神。所有团队都要求成员具有敬业精神。因为有了敬业精神,才能把团队的事情当成自己的事情,充分发挥主观能动性,为实现团队的目标而努力。

第五,主动做事。没有团队喜欢只知道"听差"的人。我们不应该被动地等待别人告诉自己应该做什么,而应该主动了解团队需要自己做什么,自己想要做什么,然后进行周密规划,并全力以赴地去完成。

第六,勇于承担责任。工作中难免出现失误,一位优秀的团队成员敢于对错误负责,这是责任心的体现,也是一个人自信的展示。

第七,学会沟通。开诚布公地交流与沟通是团队合作中最重要的环节。一个优秀的沟通者首先是一个优秀的倾听者,其次才是一个优秀的表达者。所以,要学会倾听,同时抓住机会锻炼表达能力,掌握与人交流和沟通的艺术。

第八,要谦虚谨慎。法国哲学家罗西法古曾说过:"如果你要得到仇人,就表现得比你的仇人优越;如果你要得到朋友,就要让你的朋友表现得比你优越。"所以,对自己要轻描淡写,要学会谦虚谨慎,不争功诿过。只有这样,我们才会受到别人的欢迎。

第九,接受批评。如果团队中有成员对你的错误大加抨击,即使带有强烈的感情色彩,也不要与之争论不休,而要从积极方面来理解他的抨击。这样,不但对你改正错误有帮助,也避免了语言敌对场面的出现。

第十,培养团队冲突处理能力。团队冲突是团队发展中的普遍现象,优秀的团队合作能力应该包括处理冲突的能力。处理冲突时要因人因事,灵活处置。

案例链接

1 F1 高速度的背后[①]

F1，又称"一级方程式赛车世界锦标赛"，是当今世界最高水平的赛车比赛。电视里车手们风驰电掣的画面让人目眩神迷。赛车场上的主角当然是在跑道上飞驰的热血男儿。然而，在车手获胜的背后，除了一部优异的赛车之外，车队的运作是最大的保障。目前的F1赛车，每场比赛每个车队都必须动员超过100位工作人员，只有通过高效的团队合作，才能顺利完成比赛。可以说，F1是绝对的团队竞赛。

在F1比赛中，最关键的团队合作就是中途进站加油换胎。在加油换胎中浪费一秒钟，就可能对比赛的胜负产生关键的影响。因为时间太宝贵，所以即使是最小的失误，也会造成灾难性的后果，这就需要工作人员熟练、高效地完成任务。而娴熟的动作、高效的配合都来自平时的刻苦练习，车队通常会利用星期四下午和星期天的早上来练习加油换胎。

加油换胎是一项危险的工作，每一位工作人员都必须穿上防火服，戴上安全帽。这些工作人员在车队中还有另外的岗位，如技师、卡车司机、备用品管理员等，

F1赛车加油换胎

[①] 选自《团队合作教程》，人民出版社2015年版，许湘岳、徐金寿主编，有改动。原题为《一级方程式赛车世界锦标赛工作团队》。

而加油换胎只是他们工作的一小部分。

赛车每一次停站,都需要22位工作人员参与。从他们的分工便可看出其合作的精密程度:

1. 12位技师负责换轮胎(每一轮3位,1位负责拿气动扳手拆、锁螺丝,1位负责拆旧轮胎,一位负责装上新轮胎)。

2. 1位负责操作前千斤顶。

3. 1位负责操作后千斤顶。

4. 1位负责在赛车前鼻翼受损必须更换时操作特别千斤顶。

5. 1位负责检查引擎气门的气动回复装置所需的高压力瓶,必要时必须补充高压空气。

6. 1位负责持加油枪,这通常由车队中最强壮的技师担任。

7. 1位协助扶着油管。

8. 1位负责加油机。

9. 1位负责持灭火器待命。

10. 1位负责持写有"Brakes"(刹车)和"Gear"(入档)的指示板。当牌子举起,即表示赛车可以离开维修区了。他也是这22人中唯一配备无线电话(用来与车手通话)的工作人员。

11. 1位负责擦拭车手安全帽。

〔议一议〕

1. F1赛车每一次进站,都需要22位工作人员。这22人的工作有没有主次之分?为什么?

2. 1950年F1赛车加油换胎需要1分09秒,1984年需要9.3秒,后来最快的车队只需要2.27秒。你认为车队之所以能够在如此短暂的时间内实现加油换胎,有哪些原因?

2 星巴克：倡导平等快乐工作[①]

星巴克咖啡从1971年西雅图街头的一家小咖啡馆开始，发展成为全球最大的咖啡连锁店，除了在打造品牌上的独到策略之外，团队建设更是其维持品牌质量至关重要的手段。

与大多数企业不同，星巴克从不强调投资回报，却强调快乐回报。他们的逻辑是：只有顾客开心了，才会成为回头客；只有员工开心了，才能让顾客成为回头客。而当二者都开心了，公司也就成长了。所以，星巴克把一个个分店视为一个个团队，倡导平等快乐工作的团队文化。那么，星巴克是如何创造这种文化的呢？

首先，领导者将自己视为普通的一员。虽然他们从事计划、安排、管理的工作，但他们并不认为自己与众不同，应该享受特殊的权利，不做普通员工做的工作。比方说该公司的国际部主任，即使是去国外的星巴克巡视的时候，也会与店员一起上

星巴克苏州中心旗舰店

[①] 节选自《平衡：工作和生活的艺术》，清华大学出版社2006年版，陈晓萍著，有删改。目前，星巴克在全世界40多个国家和地区拥有13000多家分店。2019年，星巴克名列美国《财富》杂志评选的"美国500强"企业第121位。

班,做咖啡,清洗杯碗,打扫店铺甚至洗手间,完全没有架子。

其次,每个员工在工作上都有较明确的分工。比如,有的专门负责接受顾客的点单、收款,有的主管咖啡的制作,有的专门管理内部库存,等等,但每个人都接受过店里所有工种所要求的技能培训,因此在分工负责的同时,又有很强的不分家的概念。也就是说,当一个咖啡制作员忙不过来的时候,其他人如果自己分管的工作不算太忙,便会去主动帮忙,完全没有"莫管他人瓦上霜"的态度。这种既分工又不分家的团队文化当然不是一蹴而就的,而是有针对性的强化训练的结果。

最后,鼓励合作,奖励合作,培训合作行为。在美国,所有星巴克员工,无论来自哪个国家或地区,在商店开张之前,都要集体到西雅图的星巴克总部接受三个月的培训。学习研磨制作咖啡的技巧当然用不着三个月,大部分培训时间用于磨合员工,让员工接受并实践平等快乐的团队工作文化。由于各个国家和地区之间的民族文化差异,有的时候在实施之中会遇到很大的阻碍。比如日本、韩国的文化讲求等级,很难打破等级让大家平等相待。最简单的例子就是彼此之间直呼其名,而日本、韩国习惯加上头衔称呼对方,不加头衔对上下两级都是挑战。为了实践平等的公司文化,同时又尊重员工的民族文化习惯,公司想出了给每个员工起一个英文名字的方式来解决这个矛盾。此外,公司还设计了各种各样的有趣的小礼品,用来奖励员工的主动合作行为,让每个人都时时体会到合作是公司文化的核心,是受到公司管理层高度认可和重视的。

〔议一议〕

1. 星巴克为什么要培育"分工不分家"的团队文化?

2. 星巴克新店开张前,所有员工都要集体培训三个月,培训的主要内容是什么?你认为有必要花这么长的时间培训吗?

3 微软[①]：鼓励良性冲突

团队合作的内容和意义在不同的组织环境中各不相同，并非千篇一律。微软是以创造团队文化而闻名的公司。以项目小组的形式来开发电脑软件是微软的首创。微软的产品是电脑软件，专业性很强，需要知识积累和不断创新，并要求不能出错。在这种情况下，公司需要的文化并非一团和气的温暖，而  是平等又充满争论的团队文化，在思想的交锋中产生创新的火花，在不同视角的争辩中创造最独特完美的产品。这是团队合作在微软产品项目小组中的体现。

那么，微软这种独特的团队合作文化又是如何创建的呢？比尔·盖茨从小就是个电脑迷。对电脑的狂热和痴迷，使他只追求知识和真理，而对权威毫无敬畏之心。他从哈佛大学辍学去新墨西哥州的一家电脑公司工作的时候，公司里没有一

美国微软总部

[①] 节选自《平衡：工作和生活的艺术》，清华大学出版社2006年版，陈晓萍著，有删改。微软，即美国微型计算机软件公司（英文名称：Microsoft）。由比尔·盖茨与保罗·艾伦创办于1975年，公司总部位于华盛顿州的雷德蒙德。以研发、制造、授权和提供广泛的电脑软件服务业务为主，目前是全球最大的电脑软件提供商。连续多年登榜美国《财富》杂志评选的"世界500强"。2020年，名列《财富》"全球最受赞赏公司"榜单第3位。

个人敢与公司的技术老板顶嘴,但只有最年轻的比尔·盖茨敢。他与保罗·艾伦创办微软之后,敢于争论、敢于向他人的观点挑战的风气,就被鼓励并发扬光大。他甚至要求向他汇报工作的人及所有项目小组都遵循"敢提不同意见"的原则。项目小组有名的"三足鼎立"结构就是这样建立起来的:软件设计员、编程员、测试员,三种人员互相给彼此挑刺,刺挑得越多,最后的产品就可能越完善。而项目小组的成员都是平等的,组长也没有特别的权利,主要担任沟通协调的角色,解决任务冲突、人员冲突、时间冲突,使大家愉快配合,按时将产品完成。

这样独特的团队合作能够实现,与公司对几个重大环节的把握有十分密切的关系。首先是公司文化的创立;其次是人员招聘的把关;最后则是分工的极其明确和流程设计的周密。每一个团队成员都十分清楚自己的职责,清楚自己的工作在整体中的位置、顺序及时间进度。由于分工明确,而且每个人都无法被他人替代,因此彼此尊重,同时敢于提出自己的不同见解。之所以能够如此,是因为大家有着明确的共同目标——按时并高质量完成产品。

〔议一议〕

1. 微软对团队合作的定义有什么独特之处?它为什么要建立这样的文化?

2. 你认为一个企业要建立"挑刺"的团队文化,需要有哪些基本条件?

4　太湖新天地[①]：5×5=25

太湖新天地在筹建之初只有5名工作人员,租借其他酒店的场所办公,如今已发展成为一家拥有丰富特色文化旅游行业运营经验,管理效益稳步提升的企业。发挥团队作用,提高整体战斗力,是太湖新天地不断壮大的原因之一。"我们是一个团队,只有相互合作,彼此关爱,才能发展!"公司的这条标语,每一位员工都牢记在心。

公司每年给新员工培训的第一课就是培养员工的团队合作精神。人力资源部经理每次都会讲述一位日本学者提出的两个有趣的算式:5+5=10和5×5=25。这两个算式在管理学上意义非凡:如果两个人的能力都是5,互不交往或虽有交往却没有坦诚交流,那么他们的能力就不会有任何提高,对组织的贡献也不会增值,这就是5+5=10。然而,如果他们加强沟通,互相协作,便可能因为相互启发而产生思想共振,多种思想重新组合就会发挥出高于原来很多倍的效力,这就如同5×5=25。团队合作便是以乘积的形式放大个人的力量,推动着组织的发展。

环秀晓筑养生度假村前台服务部、饮食文化组分别于2010年、2020年荣获苏州市吴中区总工会授予的"工人先锋号"光荣称号,是太湖新天地团队合作的典型。前台是公司的名片,事无巨细,都关乎着公司的形象。前台经理经常对她的员工讲:"你可以有失误,公司可以原谅你;但前台不能有失误,因为顾客不会原谅你。前台要没有失误,需要大家通力合作。"在这里,没有"独行侠",却有很多"爱管闲事"的员工。电话响了,走过的任何一位员工都会娴熟地去接听,详实记录客户的要求,即使他们所能做的仅是捎个口信;有人问询,第一个接待的人会主动、热情地

[①] [太湖新天地]即苏州太湖新天地旅游发展有限公司,成立于2005年,为江苏吴中集团全资子公司,是一家集酒店运营及管理、文化传播和现代农业为一体的综合性文旅产业链企业。目前旗下拥有环秀晓筑养生度假村、苏州黄金水岸大酒店、涵玉晓筑酒店三家高端度假型酒店和挹翠轩、苏晓礼、字白等自主文化品牌,囊括了苏式茶饮、特色农产品、时令美食、文创产品等"后酒店"化产品。企业网址:http://www.szthxtd.com。

太湖新天地开展文旅主题沙龙活动

为顾客解决问题,即使是一件小事,即使需要若干个电话去协调,也从来没有人会想这不是自己分内的事。

新天地公司总经理孙敏女士多次表示,公司的发展是全体员工团队协作磨合成默契的结果。2018年,该公司荣获十三届中外酒店白金奖。2020年,其旗下环秀晓筑养生度假村荣获苏州市烹饪协会"优秀企业奖"。

〔议一议〕

1. 环秀晓筑员工的哪些做法让你认识到了团队合作的内涵?

2. 一个团队要完成从"5+5=10"到"5×5=25"的跨越,关键是什么?

思考与实践

一、简答题

1. 什么是团队合作？怎样才能提高团队合作能力？

2. 结合 IBM 公司沟通协作的具体措施，说说在未来的工作岗位中我们应该如何与同事和领导进行沟通。

二、案例分析

阅读下面的案例，回答后面的问题。

唐僧取经团队的人才配置[①]

毛泽东曾言道，思想路线、政治路线决定以后，关键是组织路线。企业发展也是这样，发展战略、管理理念决定以后，关键是笼络、使用人才。唐僧西天取经战略的成功实施，与取经团队的人才配置密不可分。

德者居上。对于大企业的领导人来说，要有意识地淡化自己的专业才能，用人为能，攻心为上。大老板只要求有两项本事：一是胸怀；二是眼光。有胸怀就能容人。刘备胸襟小点，眼里只有自己那两个拜把子兄弟，后来遂有"蜀中无大将，廖化作先锋"之说；曹操雅量大点，地盘实力也就大点，到他儿子就有改组汉朝"董事会"的能力。有眼光就不会犯方向性错误。因此，不会用人的领导累死活该，看不清方向的舵手船翻了白搭。唐僧既非擒妖能手，又不会料理行程上的事务，只要坚持取经不动摇，嘴里会念紧箍咒，便一切OK。他是许多董事长、总经理的榜样。

[①] 选自《青年记者》2004 年第 12 期，作者德隆，原题为《神仙老虎狗 样样都得有》，略有改动。

能者居前。孙悟空是受控的能量,大闹天宫时是"核弹",取经时是"核电厂"。这个喻义对我们来说再明确不过了。孙悟空是优秀的职业经理人,需要关注的是他和唐僧(总经理)及观音(执行董事,代表资方)的信用关系。首先,孙悟空不是狗,也不是一般的人才,而是一个"人物","人物"和人才、人力不一样,在团队里是不可替代的。孙悟空参加取经团队是避害(压在五行山下日子不好过),而不是趋利(最后捞个"斗战胜佛",远不如"齐天大圣"过瘾够爽),这使他多少有了独立人格。有独立人格的人有意愿和能力尊重约定,观音与孙悟空谈判的结果是以解放换责任,这个约定才是孙悟空真正的"紧箍咒"。因此,唐僧在领导孙悟空践行对观音的承诺时,把紧箍咒作为最后手段,虽然也用过,但孙悟空从来没有因为要放弃自己保卫唐僧的责任而被实施紧箍咒。唐僧也不因为有紧箍咒,就事事处处表现自己的控制欲。

智者在侧。中国企业里常缺少猪八戒这样的新型智者。好吃懒做的人爱动脑筋,说猪八戒是智者,还不仅因此,关键是以下两条理由:一是猪八戒之所以需要"八戒",是因为他从不掩饰自己的个人要求和欲望,对自己的权益十分看重。他不会头脑发热,不会被"普度众生"这样鲜亮的公共理想所煽动,他认为成佛远不如做高老庄的女婿潇洒,他的观点、立场基于个体生命的真实感觉,没有专心取悦唐僧的动机。二是他从不忽视自己言论自由的权利,关键的关键是多为反对意见——猪八戒是优秀的"反对党"。而我们许多老板是容不得反对意见的,几乎所有的企业都不能包容猪八戒这样看上去什么事也不做,只会发表基于自己利益的意见的人。上天安排猪八戒参与取经事业,是唐僧团队的幸运。从某种意义上讲,得孙悟空易,得猪八戒难。

劳者居下。沙僧包括白龙马是接近领导的工作人员。做大老板,手下神仙、老虎、狗,样样都得有,"神仙"提供智力服务,"老虎"提供工作业绩,"狗"提供所谓的"犬马之劳"。沙僧和白龙马提供的"犬马之劳"非常出色。如果说猪八戒和孙悟空还有缺陷的话,沙僧完全可以打100分。"狗"大多爱在领导身边闲言碎语,最难做到的就是闭嘴不叫,沙僧同志做到了。

观音这个执行董事为唐僧团队配置的人才少而精,并建立了有效的制约机制。唐僧直接管理孙悟空,但只能在孙悟空突破底线时才动用紧箍咒,平时则让其充分发挥能动作用;孙悟空对猪八戒在具体工作上有管理权,但他限制不了猪八戒的言论自由,反而是孙悟空的行为受到猪八戒的舆论监督;猪八戒虽然有"散伙回家"的思想,但有孙悟空的金箍棒,思想不能转化成行动;沙僧作为"办公室主任",管理行李和白龙马,对一线事务从不插嘴。许多企业和团队之所以失败,往往坏事就坏在沙僧这类角色上,他们常凭借"心腹"的身份胡言乱语,此风一开,大小事情一定搞砸。

1. 本文认为唐僧团队西天取经为什么能够成功?

2. 你认为决定唐僧、孙悟空、猪八戒、沙僧在团队中角色的因素是什么?你获得了哪些启示?

3. 有自知之明,安分守己,对于团队的事业非常重要。试对自己做一些分析,看看自己适合在团队中担任怎样的角色。

三、实践活动

1. 对照下面的测试问题,根据自身实际情况进行评价,并相应打分,最后根据得分判断自己的沟通能力。测试完毕,给自己写 4 条提高沟通能力的建议。

A. 评价标准:

比较同意/符合(4 分)	非常不同意/不符合(1 分)
同意/符合(5 分)	不同意/不符合(2 分)
非常同意/符合(6 分)	比较不同意/不符合(3 分)

B. 测试问题:

(1) 我能根据不同对象的特点提供合适的建议或指导。

(2) 当我劝告他人时,更注重帮助他们反思自身存在的问题。

(3) 当我给他人提供反馈意见甚至逆耳意见时,能坚持诚实的态度。

(4) 当我与他人讨论问题时,始终能就事论事,而非针对个人。

(5) 当我批评或指出他人的不足时,能以客观的标准和预先的期望为基础。

(6) 当我纠正某人的行为后,我们的关系能够得到加强。

(7) 当我与他人沟通时,我会激发出对方的自我价值和自尊意识。

(8) 即使我不赞同,我也能对他人的观点表现出发自内心的兴趣。

(9) 我不会对比我权力小或拥有信息少的人表现出高人一等的姿态。

(10) 在与自己有不同观点的人讨论时,我将努力找出双方的某些共同观点。

(11) 我的反馈是明确且直接指向问题关键的,避免泛泛而谈或含糊不清。

(12) 我能以平等的方式与对方沟通,避免在交谈中让对方感到被动。

(13) 我以"我认为"而不是"他们认为"的方式表示对自己的观点负责。

(14) 讨论问题时我更关注自己对问题的理解,而不是直接提建议。

(15) 我有意识地与同事和朋友进行定期或不定期的私人会谈。

C. 自我评价:

得分 80～90,说明你具有优秀的沟通技能;

得分 70～79,说明你略高于平均水平,有些地方需要提高;

得分 70 以下,说明你需要严格训练你的沟通技巧。

D. 给自己的建议:

(1) _____。

(2) _____。

(3) _____。

(4) _____。

2. 团队合作能力的提高离不开实践的磨砺。联系实际，自组团队，在校内或社区开展一次有意义的活动。要求：

（1）所选择的活动项目必须依靠团队合作完成。先写作活动策划书，说明目标、任务、过程、分工等，然后分头实施。活动过程中的一些精彩镜头要用相机记录下来。

（2）活动结束后，制作一份演示文稿，主要内容包括项目名称、分工情况、实施过程、活动成果、合作自我评价、合作体会等。然后，在班内开展一次成果分享活动。

四、推荐阅读

1.《团队合作教程》（许湘岳、徐金寿主编，人民出版社 2015 年版）。

2.《谁说大象不能跳舞？》（郭士纳著，张秀琴、音正权译，中信出版社 2010 年版）。

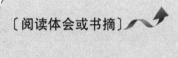

〔阅读体会或书摘〕

第7课　再过两小时，鲈鱼节才开始

——企业文化之"诚信守法"

新罕布什尔湖是绝佳的钓鱼胜地。男孩和他的父亲扛着钓竿，在鲈鱼节开始前的午夜，去过过钓鱼瘾。在他们那里，只有鲈鱼节的时候才允许钓鲈鱼。

男孩在钓钩上系了一个小小的银色诱饵，不断练习着，向远处抛掷。突然间，有什么东西，沉甸甸的，拽着男孩鱼竿的那头。男孩慢慢地把钓线拉回来——一条他们从未见过的最大的鲈鱼。

父亲擦亮火柴，看着手表说："现在10点，再过两小时鲈鱼节才开始。你必须把它放掉，孩子！"尽管没有人看见他们，也没有人知道他们是何时捕到那条鱼的。

"爸爸……"男孩不理解父亲的做法，大声地哭起来。

父亲沉默着，他已经很清楚地表明，这个决定是不能改变的。没办法，男孩只好把鲈鱼放回湖里。

23年后，男孩成为纽约市一名颇有成就的建筑师。虽然那次父亲让他放走的只不过是一条鱼，但是他从此学会了自律，懂得了诚实。他在建筑设计上从不投机取巧，在同行和客户中有口皆碑，事业越做越大。

遵守规矩，信守承诺，或许会使自己一时吃亏，但这种吃亏是暂时的，所谓有亏必有盈。暂时的利益受损，却会给自己长远的事业带来积极而持久的影响。

知识导航

诚信守法是最基本的社会准则。诚信，就是诚实守信，它是企业的立身之本。海尔集团董事局主席张瑞敏说："一个企业要永续经营，首先要得到社会的承认、用户的承认。企业对用户真诚到永

> **经典语录**
>
> 求珍品，品味虽贵必不敢减物力；讲堂誉，炮制虽繁必不敢省人工。
>
> ——同仁堂集团古训

远，才有用户、社会对企业的回报，才能保证企业向前发展。"守法，就是遵章守纪，它是企业经营的底线。市场经济是法治经济，只有在法治的框架下市场才能有序运行；只有在法治的有效保障下，企业才能安全、高效地发展。倘因一时利欲熏心，不惜铤而走险、违法犯罪，必然害人害己。对于生产经营者来说，接受法律制裁自不必说，背上了不守法、不诚信的罪名，一辈子都难翻身；对于企业来说，则是砸了招牌，被市场和消费者彻底抛弃。任何一个经营者、任何一个企业都有责任、有义务为社会和公众提供真诚公道的服务，维护市场经济秩序的稳定，维护社会文明与社会和谐。

诚实守法对企业的生产经营活动提出了哪些要求呢？第一，加强自律，不使用低质、廉价材料，不生产、销售伪劣产品、有毒有害产品，不坑害公众；第二，产品和服务计量真实，价格公道，不赚黑心钱；第三，不做虚假广告，不做引人误解的虚假宣传；第四，公平参与市场竞争，不诽谤或贬抑竞争对手，不采用不正当的手段占有市场，不迫使他人接受不平等或不合法的交易条件；第五，遵守合同，信守承诺，自觉维护顾客和合作伙伴的利益；第六，遵纪守法，依法纳税，不做假账，不发布虚假业绩；等等。

商人无信不立，企业无法不正。那么，怎样才能做到诚信守法经营呢？首先，必须树立对生命、对道德、对法律的敬畏，自觉遵守《产品质量法》和《消费者权益保护法》等法律法规和行业规范；第二，加强流通环节和生产过程管理，加强质量控制，努力提高产品和服务的品质；第三，自觉接受工商行政管理机关和相关部门的监督，自觉接受广大消费者的监督，真诚面对消费者的投诉，对生产经营过程中发生的失误能主动应对、认真反思、真诚道歉，并对消费者做出合理的补偿。

作为未来职业人，我们要自觉培养诚信守法的品质，能够在未来的生产经营活动中信守承诺，诚实不欺，勇于承担责任，敢于与不正当的行为做斗争，自觉维护客户利益，自觉维护企业形象。

1 一言九鼎，诚信立业

——盛虹集团①诚信经营的故事

藤田田是日本麦当劳社的创始人和经营者。网络上流传着关于他的这样一则商业案例：1968年，藤田田接受了美国油料公司定制300万份餐具的合同，交货日期为同年8月1日，地点在美国的芝加哥。藤田田组织了几家工厂生产这批餐具，但这些工厂一再误工，直到7月27日才完工。可是从日本东京到美国芝加哥路途遥远，若用海运，8月1日肯定交不了货，到时必然误期。若用空运，又会损失一大笔利润。商人都是追求利润的。这时，藤田田面对的，一边是实实在在的利润，一边是看不见摸不着的信用。思量再三，藤田田毅然租用航空公司的波音707货运机空运，花了30万美元的空运费，将货物及时运到美国芝加哥。这次藤田田的损失很大，但他赢得了美国油料公司的信任。在以后的几年里，美国油料公司不断向日本麦当劳社订制大量的餐具，藤田田也因此得到了丰厚的回报。这就是恪守信用带来的财富。

无独有偶，在我们苏州的本土企业中，也有一个类似的诚信案例。盛虹集团是一家总部位于吴江区的大型企业集团。诚德、务实、创新、超越，是盛虹集团秉持的企业精神。诚德，就是始终本着诚信的理念，与政府、同行、商业伙伴真诚合作，以优质的产品赢得客户，以优质的服务赢得市场，以优秀的文化赢得社会的尊重。

2008年7月，盛虹集团从中东购买了一批价值4000万元人民币的乙二醇生产原料，不料在运输途中，货物在索马里海域被海盗扣压，原本应该在8月底到达的货物延迟到10月底才运达盛虹。而此时又适逢国际金融海啸，货物价格缩水一半。就在大家议论着是否要修改合同甚至取消订单时，董事长缪汉根斩钉截铁地

---

① [盛虹集团]盛虹控股集团有限公司的简称，成立于1992年，位于苏州市吴江区盛泽镇，是一家国家级创新型高科技产业集团。目前，该集团形成了石化、纺织、能源、地产、酒店五大产业板块，旗下拥有研发、生产、投资、贸易、服务等公司20余家。该集团先后被评为"国家技术创新示范企业""全国循环经济先进单位""国家火炬计划重点高新技术企业""全国纺织工业先进集体"，"盛虹"品牌荣获"中国驰名商标"称号。2019年，该集团名列全国工商联发布的"中国民营企业500强"第29位。企业网址：http://www.shenghong-group.cn。

说:"天有不测风云,不能趁火打劫!"4000万元人民币一分不少地付给了原料供应商。对方感激地说:"盛虹的商业信用是最好的。"缪汉根说:"做生意贵在一个'诚'字,既然之前已经签了合同,那就一定要严格按照合同的要求履行应尽的义务。"缪汉根的话掷地有声,他用实际行动兑现了盛虹集团对诚信经营的承诺,即使企业蒙受损失,也不能失信于合作伙伴。

盛虹集团董事长缪汉根

在吴江的纺织行业中,盛虹集团成立得早,发展得快,是当地的龙头企业。盛虹集团在推动当地纺织业快速发展的同时,也在源源不断地为周边的企业输送人才。如今,吴江盛泽地区的印染企业有过半的厂长都是从盛虹走出去的。盛虹集团没有因为他们另立门户而忌恨于心,而是以宽容的心态看待这一切。缪汉根常说:"行业内的企业多了,竞争当然激烈了,但是大家共同撑起了一片天空,只有合作才能共生共存,相互诋毁、拆台,是自断前程。"缪汉根要求所有员工"不要贬低竞争对手,不搞小动作,不树敌,多交友"。不少企业都会主动到盛虹取经,甚至请盛虹提供人才支援,缪汉根总是欣然答应。正因为恪守商业道德,缪汉根在当地企业中赢得了尊重,在盛虹有需求时,其他企业都会伸出友谊之手。

盛虹集团视诚信为立身之本、发展之基,注重合同信用,公平参与市场竞争,树立大企业形象,连续多年被江苏省工商局评为"江苏省重合同守信用企业"。

〔议一议〕

1. 藤田田租用飞机交货,他损失了什么?又得到了什么?二者之间是怎样的关系?

2. 你是如何理解缪汉根说的"不要贬低竞争对手,不搞小动作,不树敌,多交友"这句话的?

② 德胜洋楼：视诚信为生命

德胜(苏州)洋楼有限公司是一家从事美制木结构住宅研究、开发及建造的专业公司。德胜公司只有1200多人，每年产值几亿元，但它的影响力已经超越了许多产值几百亿的公司，声名远播国内外，万科的王石认为它是国内最优秀的木结构住宅建造商。德胜从来不愁没生意做，不需要跟对手抢项目，客户会主动把订单送过来。这个企业只有几名销售人员，却还经常要拒绝掉一些客户，业内人士称它"生生把一个市场销售部做成了一个市场拒绝部"。是什么创造了德胜洋楼的奇迹？是公司总监聂圣哲一贯倡导的"诚实、勤劳、有爱心、不走捷径"的价值观。

聂圣哲出生于安徽农村，从小即知民间疾苦。大学毕业后留学美国，并在国外工作过很长一段时间。在旅美期间，他游历世界各国，观察各民族的优秀特质。他看到了德国人的严谨、日本人的细致、美国人的务实……相比之下，某些国人身上存在着好走捷径、好耍小聪明、不遵守规矩的习气。聂圣哲认为，这样的风气，是导致中国企业无法像德国和日本企业那样制造出精品，无法屹立于世界企业之林的一个重要原因。因此，当他回国创办实业时，他把"诚实"作为第一种价值观在德胜落实了下来。

德胜(苏州)洋楼有限公司德胜堂

提出价值观,写好了挂在墙上是容易的,但真正按照价值观去运营企业就难了,因为这要求领导人自己要真信、真干。若非如此,价值观就会成为墙上的摆设。在创建德胜的时候,聂圣哲就树立了"三不"商业诚信原则,即"不偷税漏税,不行贿受贿,不做假账"。德胜不走捷径,他们只靠质量取胜;而质量来源于员工诚实、敬业、精益求精的工作态度。

聂圣哲认为,诚实、敬业的工作态度,远比知识和能力重要。而诚实、敬业的基本表现就是认真。因此,培训新员工时,德胜对他们工作态度的要求只有两个字——认真;培训的内容与未来岗位的技术技能无关,主要是室内外清洁、帮厨、绿化等。即使是这样的工作,其标准也极高,流程细致,要求严格执行。以洗马桶为例,要把马桶清洗得干净并达到可以漱口的程度。德胜公司所有员工的胸牌上都有一句话:"我首先是一个诚实、勤劳的人。"诚信,在德胜公司是一条底线,是绝对不能讨价还价的。

在德胜,员工不需要打卡上班,上下班的时间靠自己控制,你如果要迟到早退,一两次可以,但如果你总是耍这种小聪明,你离开德胜的日子也就近了。德胜的报销无须上级领导审批,但财务人员会提醒你,你需要对你的报销行为负责,一旦你有欺诈行为,将会为此付出昂贵的代价。在这里,每个人都需要为自己的信用负责。

作为一家建筑企业,德胜公司在质量上的诚信更是到了"不近人情"的地步。2004年夏天,在某工地验收时,投资方发现有一座房子进门阳台的地砖铺设有误——里端和外端的长度不一样,里端一侧多出了十几厘米。但地砖的整体感觉没问题,因此甲方验收人员认为不影响质量,同意接收。但聂圣哲知道此事后,马上决定返工,要求把这个阳台打掉重做!当时客户觉得没大事,只是细节上的一点小问题,不是内行人根本看不出来,就说算了。但聂圣哲的态度非常坚决,他说:"这不是合格不合格的问题,而是我们工人、技术员的手艺合不合格的问题。你给了我这笔工程款,我一定要把合格的、质量最好的楼房交给你。结果合格,但是建造过程、细节、方法不合格,就是手艺不合格。手艺不合格,就是砸我们的牌子,即使结果合格也没用。"他当即让工程部通知原来的工人马上赶回该工地,还从各处抽调了几十个技术人员,连夜将阳台打掉重做。聂圣哲让每个员工都从中吸取到了经验教训。

聂圣哲对"诚信"的坚守,不仅体现在对员工工作态度的要求上,对客户的真诚和负责上,还体现在他与合作伙伴的"游戏规则"上。2004年,德胜公司承建的一处木结构房屋已经封顶了,但投资方迟迟不按照合同规定支付剩余工程款项,也不理会德胜公司的催款提示。别的公司碰到这样的事,一般是向投资方诉苦、不断催讨,很少有人敢理直气壮地要钱。因为在工程建设项目上,拖欠工程款已经成为人人皆知的潜规则。但是,德胜公司是个视诚信如生命的公司,它自己首先恪守诚信,同时也要求对方恪守诚信。

"如果到时不付钱,就毁掉房子!"聂圣哲做出最后决定。他让人在工地入口处竖起一块大牌子,上面写着一行十分醒目的大字:"支付工程款倒计时"。大牌子旁边还挂着一只闹钟,闹铃时间定在了12点。牌子另一边是一架高举着手臂的挖掘机。聂圣哲和德胜的员工严阵以待——12点一到,若不付款,立刻将刚建好的房子推倒。最后,投资方按时付款了。

事后,有人问聂圣哲:"当时,你是真的要推倒这些工程,还是吓唬吓唬他们的?推倒工程,那你们的损失可是千万元啊!"

"那绝对是要推倒的!就是损失几千万,也不能开这个口子,必须按合同办事!"这就是聂圣哲和德胜公司坚持的诚信理念!

〔议一议〕

1. 德胜洋楼为什么把"诚实"列为企业价值观四个关键词中的第一个?

2. 概括说明德胜洋楼是怎样落实"诚实"这一价值观的。

3 采芝斋[①]：苏式食品的诚信名片

苏州采芝斋是中华老字号，始创于1870年（清同治九年），是名副其实的百年老店。采芝斋糖果自问世以来，因其独特的口感与功用，声名不断远播。贝母糖因有药食同源的功效，被苏州名医曹沧州带进皇宫为慈禧助药，后被列为贡糖。1954年，周恩来总理出席日内瓦会议，以采芝斋的脆松糖、轻松糖、软松糖招待国际友人，深受国际友人喜爱。自此，采芝斋苏式糖果便有了"国糖"的美誉。在150年的发展历程中，采芝斋始终坚持诚信经营的理念，在选料、工艺、包装等方面传承创新，精益求精，如今已成为苏州的一张城市名片。

■ 做货真价实的食品

采芝斋的糖果、茶食，多以松仁、核桃仁、杏仁、瓜仁、芝麻等天然食料作主要原辅料，辅以天然花卉为香料制作而成。从选料到制作，采芝斋都有一套严格的制度。原料选购上等果辅料，按用料要求筛选、挑拣，讲究色、香、味、形、质俱全；投料生产工艺精细，如明货糖果采用提浆法，砂货糖果采用人工发砂法等，从而保证产品质优味美。

芝麻薄皮糖是采芝斋的招牌产品之一。这种糖，在熬制糖浆方面相当讲究。熬制的温度须控制在120多度，以保证糖浆的高黏稠度。在半个多小时的熬制过程中，老师傅会根据火候时不时上前进行人工搅拌。糖浆在沸腾过程中，水分不断蒸发，锅子上方水汽腾腾，糖液浓度逐渐增高，变得越来越黏稠。糖料做好后，再拉条、剪糖，要达到"拉糖衣如纸薄、芝麻两面均匀、卷曲层面分明"的效果。这种糖香甜适中，过口不腻，让人回味无穷。

现在不少企业的月饼生产使用机器取代人工，因为这样制作成本低。在是否引进机器流水线的问题上，采芝斋不是没有过设想。多年前国内一家大型机械设备厂就主动上门，提供苏式酥皮包馅机，然而他们联手开发多年，月饼"通用生产设

[①] ［采芝斋］苏州传统食品品牌，现由苏州采芝斋食品有限公司经营。店址位于苏州市观前街，在上海等地设有分店。主要经营糖果制品、糕点、蜜饯、炒货食品及坚果制品、调味料、风味鱼制品等食品。其天猫店网址为：https：//caizhizhai.tmall.com。

备"仍然无法达到标准。以苏式百果月饼为例,瓜仁、松仁等十余种果仁占比需要达到馅料的70%以上,才能体现出风味。但是,目前的包馅机都是采用挤压式"包馅",果仁馅料占比只能达到30%~40%。一季生产80万只月饼,采用手工制作,需要投入40位"熟手",其成本比机器制作增加50%以上,而销售价与市场同类月饼相比并不高。但为了做出真材实料、原汁原味的苏式月饼,采芝斋只能选择"舍廉求贵""舍简求繁"。由于风味醇厚,如今采芝斋苏式月饼的网销量猛增60%~70%,甚至"飞"入东北、新疆等地。

■ **做健康营养的食品**

采芝斋的苏式糕点、糖果、炒货、蜜饯有300多个品种,它们的色、香、味都是食物自身所产生的,从不使用化学合成色素、香精和防腐剂。老苏州都晓得,在传统的苏式糕点果饼表面,都会盖上一个殷红如丹的红印,连这枚小小红印所使用的原料,都来自天然的萝卜红。

十多年前,采芝斋就开始探索不添加化学合成色素等成分的纯绿色食品,并在店堂内"明示"。目前市场上销售的酸梅汁,有不少是采用香精等勾兑的,成本只有天然酸梅汁的三分之一。天然酸梅汁用乌梅等熬制,成本高,用工、产量受到限制,而且保质期短、质量不稳定。为攻克保质难题,采芝斋投资引进现代生产线改进工艺,使保质期从原来的3个月提高到了1年。

苏州市观前街采芝斋店

有人认为这是自找"紧箍咒",大钱花在暗处。然而采芝斋认为,要做最好的苏式食品,这样的投入值得。经过多年研究,大部分苏式食品健康工艺研发成功,每年夏季的酸梅汁销售量达 10 多万瓶。不过,像青梅、脆梅等个别苏式蜜饯,由于体积大、含水量高,尚在攻关。目前,这几个产品每年 5 月下旬到 9 月下旬停产,采芝斋宁可"不做生意",也要保证质量。

■ **做有文化底蕴的食品**

采芝斋之所以能够在激烈的市场竞争中脱颖而出,除因选料讲究、精工细作之外,与其重视挖掘产品的文化底蕴有很大的关系。顾客来到采芝斋,都为这里深厚的苏州传统文化所吸引。走在观前街东面,一座粉墙黛瓦、雕栏画栋的楼房映入眼帘,大门上面"采芝斋"三字古朴俊雅,店名两旁"同治始创,百年老店"八个大字遒劲有力,门口对联"采万物灵芝,溶百年珍味"内涵丰厚。走进店堂,仿佛置身于苏州园林:有花窗和挂落,有匾额和楹联。营业员身着具有浓郁苏州水乡特色的服饰,对顾客殷勤有加。

采芝斋在产品包装上也注重体现历史文化内涵。松子喜糖是采芝斋第一个突破传统的新产品,它的包装既有简易袋装,也有三角形、六角形纸盒包装,在包装袋上印有"同治始创,百年老店"的字样和《采芝图》,还印有贺诗一首:"松子万年代代传,芝麻开花节节高。花生落地长生果,核桃和合百年好。"因其名称新颖、口味独特、富有文化品位,一上市就引起了轰动。贝母贡糖的包装也很有特色,在金黄色的外包装袋上印有慈禧的头像及贡糖来历的说明文字,使顾客在品尝糖果时,能够了解产品的历史渊源。

近年来,采芝斋根据市场需求,推出礼盒系列。这些礼盒包装大多采用具有苏州传统文化特色的元素(如丝绸、园林等)设计,典雅美观,极富画面感。采芝斋还与苏州桃花坞木刻年画博物馆合作,用木刻年画上的"福"字做成礼盒外包装,使濒临失传的木刻年画通过礼盒产品这个平台,走进千家万户,让更多的老百姓了解苏州传统文化。

■ **售亲民的苏式食品**

为体现苏州地方特色,采芝斋招收营业员的首要条件就是要会说苏州话,以便彰显苏州味道。为提升服务质量,公司每年对营业员进行岗位培训,要求在接待客人的时候做到主动服务、礼貌热情、态度亲切。

采芝斋始终坚持薄利多销、价格亲民的销售路线。采芝斋名声在外,"打包"采芝斋糖果、蜜饯、糕点等苏州土特产,是不少来苏游客必做的"购物攻略"。为方便顾客轻松行,从 2018 年起,采芝斋和多家快递公司联手,制定苏式食品"快递到家"服务章程,推出送往全国各地的"快递到家服务价目表"。"快递到家"的一条龙服务一经推出,便吸引了不少游客,连一些老苏州也尝试快递点单了。

2009年,采芝斋苏式糖果制作技艺被列入江苏省级非物质文化遗产名录。为了方便进行糖果制作非遗展示,自2016年起,采芝斋开始了"透明作坊"的制作模式。"透明作坊"的产品即制即卖,既保证了产品的安全新鲜,又让顾客亲眼看到糖果的制作过程,切身感受苏式传统技艺文化。一分耕耘一分收获,货真价实、健康营养、富有苏州传统文化底蕴的苏式食品,深受消费者的青睐。目前采芝斋的年销售额已突破亿元,苏式食品产业不断发展壮大。

〔议一议〕

1. 为了做出货真价实、健康营养的苏式食品,采芝斋在原料选购和制作工艺上有哪些讲究?

2. 采芝斋是怎样挖掘文化底蕴,打造产品特色的?

4 "恒天然"为何自曝家丑

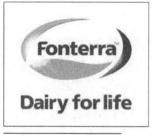

新西兰恒天然集团①是全球最大的乳制品出口企业,由新西兰约10500名奶农股东共同拥有,每年加工的牛奶达到220亿升,产品销往100多个国家和地区。雅士利、雅培、美赞臣、惠氏等奶粉企业均是恒天然的合作伙伴。中国有70%的进口奶粉来自恒天然。

---

① 〔新西兰恒天然集团〕简称"恒天然",成立于2001年10月,总部位于新西兰奥克兰。恒天然集团由当时新西兰最大的两家乳品公司和新西兰乳品局合并而成,是新西兰国内最大的公司,也是世界上第六大乳品生产商。

世界著名品牌雀巢、卡夫和达能等也由恒天然供应奶制品。

2013年8月2日,新西兰发生了一件震动世界乳品界的大事。恒天然集团向新西兰政府通报:7月31日该公司检测出一个工厂生产的浓缩乳清蛋白粉可能含有能够引起食物中毒的肉毒杆菌。恒天然在第一时间公布了相关产品流向的国家和地区及进口商名单,其中包括多美滋、娃哈哈等4家中国企业。8月4日,中国国家质检总局向国内消费者发出警示,宣布暂停进口所有新西兰奶粉,并要求涉事进口商立即召回可能受污染的产品。不过,这是一场虚惊,后续的195次检测均证明恒天然产品并不含有肉毒杆菌,原先检测的被污染产品的污染源是厂部一根受污染的管道。

恒天然旗下的一家牧场

在这起风波中,一个非常值得注意的细节是,蛋白粉受到污染的问题并不是由新西兰监管部门抽检发现的,而是恒天然公司在自检中发现并最终向外界"自曝家丑"的。恒天然"自曝家丑",无疑会给自己和关联企业及下游产业带来很大的冲击,直接影响这些企业的产品销量。在很多人看来,恒天然此举是"不明智"的,但恒天然从来也不后悔将失误公之于众。

事实上,这已不是恒天然第一次"自曝家丑"。2008年,作为三鹿集团第二大股东的恒天然公司,率先发现了三鹿集团添加三聚氰胺的问题,也是他们主动将相关情报通报给了新西兰政府。最终,恒天然因三鹿集团破产而蒙受巨大的损失,但其公司负责人表示"从来没有后悔主动将三鹿事件曝光"。正因为恒天然自律、诚信、有担当,所以虽然其销售额曾因"家丑"短暂下降,但随后就恢复至原先水平,甚至比原先更高。

[议一议]
　　俗话说:"家丑不可外扬。"恒天然为什么屡次选择"自曝家丑"?这一事件反映了这家企业怎样的精神?

思考与实践

一、简答题

1. 诚信守法对企业生存和发展有哪些意义?企业诚信守法主要表现在哪些方面?

2. 英国商界有一句名言:"品牌包含了公司多年来积累的诚信声誉,是一笔巨大的无形资产。"你是怎样理解这句话的?

二、案例分析

(一)阅读下面的案例,回答后面的问题。

2012年4月15日,央视《每周质量报告》栏目的节目《胶囊里的秘密》,曝光河北一些企业用生石灰处理皮革废料,熬制成工业明胶,卖给浙江绍兴一些企业制成药用胶囊,最终流入药品企业,进入患者腹中的事件。由于皮革在工业加工时要使用含铬的鞣制剂,因此这样制成的胶囊往往重金属铬超标。经检测,××药业等9家药厂的13个批次的药品,所用胶囊重金属铬含量超标。

针对此事件,2012年4月21日,卫生部要求毒胶囊企业所有胶囊药停用,药用胶囊接受批次检验。2012年4月22日,公安部通报,经调查,公安机关已立案7起,依法逮捕犯罪嫌疑人9名,刑事拘留45人。

同年4月22日,河南郑州市郑上路三十里铺李岗村道路两侧的排污明渠里被倾倒了大量的空心胶囊。胶囊壳绵延300余米,渠水被染成蓝绿色。4月23日,郑州市食品药品监督管理局工作人员赶赴现场进行调查取证,并将胶囊打捞出来销毁。针对大批胶囊壳被弃事件,郑州市食品药品监督管理局负责人称,之前从未发生过这样的情况,此次事件可能是一些违法人员迫于舆论压力将疑似伪劣的空壳胶囊丢弃。

1. 利用皮革废料制售药用胶囊是一种坑人行为,上述案例中的一些企业明知故犯,你认为有哪些原因?

2. 药品生产厂家使用皮革废料胶囊包装药品,可能并不知情,你认为如何才能避免出错?

(二)阅读下面的案例,回答后面的问题。

世界上第一瓶可口可乐于1886年诞生于美国,距今已有130多年的历史。这种神奇的饮料以它不可抗拒的魅力征服了全世界数以亿计的消费者,成为"世界饮料之王",甚至享有"饮料日不落帝国"的赞誉。但是,就在可口可乐如日中天之时,竟然有另外一家同样高举"可乐"大旗,敢于向其挑战的企业,它宣称要成为"全世界顾客最喜欢的公司",并且在与可口可乐的交锋中越战越强,最终形成分庭抗礼之势,这就是百事可乐公司。

世界上第一瓶百事可乐同样诞生于美国,那是在1898年,比可口可乐的问世晚了12年。它的味道同配方绝密的可口可乐相近,于是便借可口可乐之势取名为百事可乐。由于可口可乐早在10多年前就已经开始大力开拓市场,此时早已声名远扬,控制了绝大部分碳酸饮料市场,在人们心目中形成了定势,一提起可乐,就非可口可乐莫属。作为挑战者的百事可乐,如何在市场竞争中赶上甚至超越可口可乐呢?

百事可乐以可口可乐为镜,它的策略是永远比可口可乐在容量上多一点,永远陈列在可口可乐的旁边并努力比它多一些陈列空间,永远比可口可乐低5美分。百事可乐不断改进它的营销手段。它通过分析消费者构成和消费心理的变化,做出种种努力,把自己描绘成年轻人的饮料;通过去掉商标的品尝实验,吸引市场注意；聘请当红歌星迈克尔·杰克逊拍广告片，为百事可乐赢得了年轻一代狂热的心；加强与包装商及餐饮商的商业合作；进军可口可乐尚未进入或进入失败的国外市场真空地带；等等。

20 世纪 70 年代，百事可乐只有 30 多岁的经理约翰·斯卡利坚信："基于口味和销售两个原因，百事可乐终将战胜可口可乐。"这一预言现在终于变成了现实。就中国市场来说，尽管随着消费观念的变化，"两乐"在饮料市场的整体份额不断下降，但碳酸饮料领域一直是可口可乐和百事可乐的天下，百事可乐与可口可乐的份额势均力敌。

有人问起百事可乐成功的秘诀，得到的回答是："我们找到了一个优秀对手，这就是可口可乐！"

1. 在碳酸饮料领域，可口可乐是领导者，而百事可乐是挑战者。尽管起步晚，但在市场份额上二者已经旗鼓相当，人们把百事可乐的挑战称为正面博弈的经典，你是否同意这种说法？为什么？

2. 百事可乐认为自己成功的秘诀是："我们找到了一个优秀对手，这就是可口可乐！"对此，你是如何理解的？

三、实践活动

小赵在校期间搞创业，注册了一家网店。他想在网店的主页上贴一份《诚信经营承诺书》。请结合电子商务的有关要求，替他写这份承诺书。采用条目式，300～400 字。

四、推荐阅读

1. 《企业的诚信危机》（刘湘丽编著，经济管理出版社 2009 年版）。

2. 《诚信：中国社会的第一项修炼》（李松著，新华出版社 2013 年版）。

第 7 课　再过两小时,鲈鱼节才开始

〔阅读体会或书摘〕

第8课　世界是由"懒人"创造的
——企业文化之"创新致远"

2005年8月,阿里巴巴收购中国雅虎。马云在与雅虎员工第一次见面时,做了如下演讲:

世界上很多非常聪明并且受过高等教育的人,无法成功。就是因为他们从小就受到了错误的教育,他们养成了勤劳的恶习。很多人都记得爱迪生说的那句话吧:天才就是99%的汗水加上1%的灵感,并且被这句话误导了一生,勤勤恳恳地奋斗,最终却碌碌无为。

其实爱迪生是因为懒得想他成功的真正原因,所以就编了这句话来误导我们。很多人可能认为我是在胡说八道,好,让我用100个例子来证实你们的错误吧!事实胜于雄辩。

世界上最富有的人——比尔·盖茨,他是个程序员,懒得读书,他就退学了。他又懒得记那些复杂的dos命令,于是,他就编了个图形的界面程序,叫什么来着?我忘了,懒得记这些东西。于是,全世界的电脑都长着相同的脸,而他也成了世界首富。

世界上最值钱的品牌——可口可乐。他的老板更懒,尽管中国的茶文化历史悠久,巴西的咖啡香味浓郁,但他实在太懒了。弄点糖精加上凉水,装瓶就卖。于是全世界有人的地方,大

> **经典语录**
>
> 创新是唯一的出路,淘汰自己,否则竞争将淘汰我们。
>
> ——安迪·格罗夫
> (英特尔公司总裁)

家都在喝那种像血一样的液体。

世界上最好的足球运动员——罗纳尔多,他在场上连动都懒得动,就在对方的门前站着。等球砸到他的时候,踢一脚。这就是全世界身价最高的运动员了。有的人说,他带球的速度惊人,那是废话,别人一场跑 90 分钟,他就跑 15 秒,当然要快些了。

世界上最厉害的餐饮企业——麦当劳,它的老板也是懒得出奇,懒得学习法国大餐的精美,懒得掌握中餐的复杂技巧,弄两片破面包夹块牛肉就卖,结果全世界都能看到那个 M 的标志。必胜客的老板,懒得把馅饼的馅装进去,直接撒在发面饼上边就卖,结果大家管那叫 Pizza,比 10 张馅饼还贵。

还有更聪明的懒人:

懒得爬楼,于是他们发明了电梯;

懒得走路,于是他们制造出汽车、火车和飞机;

懒得每次去计算,于是他们发明了数学公式;

懒得出去听音乐会,于是他们发明了唱片、磁带和 CD;

……

我以上所举的例子,只是想说明一个问题,这个世界实际上是靠"懒人"来支撑的。世界如此的精彩都是拜"懒人"所赐。但懒不是傻懒,如果你想少干,就要想出懒的方法。要懒出风格,懒出境界!

"世界是由'懒人'创造的",乍一听,荒诞不经;细思量,符合情理。"懒不是傻懒,如果你想少干,就要想出懒的方法",马云是要告诉大家,要有创新意识、创新思维、创新精神。

知识导航

人类从来没有像今天这样关注创新精神,当世界依然在混沌与无序中徘徊的时候,创新精神为我们指引了前行的方向。

何谓创新？创新是指人们为了发展的需要，运用已知的信息，不断突破常规，发现或产生某种新颖、独特的有社会价值或个人价值的新事物、新思想的活动。创新有两层含义：一是创造，即从无到有，创造新事物、新思想；二是改变，即在原来基础上改革、超越和再创造。其本质都是突破，即突破旧的思维定势、旧的常规戒律。

创新是一个民族进步的灵魂，是国家兴旺发达的不竭动力。中华民族是一个非常崇尚创新的民族，从"周虽旧邦，其命维新"（《诗经》）到"苟日新，又日新，日日新"（《礼记》），到"穷则变，变则通，通则久"（《周易》），从春秋战国时期鲁班发明锯子的故事到古老的四大发明，从汉字到书法，从筷子到围棋，无一不代表着中国人的创新精神。创新的本质是创新精神，创新精神代表着中国文化的基本精神，是激励中华民族不断前进的思想源泉与发展动力。

创新是企业的生命力。在激烈的市场竞争机制下，一个企业要想保持旺盛的生命力，实现可持续健康发展，必须不断创新。在一个行业中，能否创新决定了这个企业是引领者还是模仿跟随者。美国管理顾问詹姆斯·莫尔斯说："可持续竞争的唯一优势来自超越竞争对手的创新能力。"

企业创新虽然通常主要指产品和技术的创新，但实际上，企业创新涵盖企业的方方面面。企业创新主要有发展战略创新、制度创新、技术创新、产品和服务创新、市场创新、管理创新、文化创新等，其目的是提高生产和服务效率，提高产品和服务品质，从而实现企业的最佳效益。企业要获得持久的生命力，必须根据内外环境及发展趋势进行卓有成效的创新。

那么，现代企业应该如何推动创新呢？关键是将创新的理念植入公司的日常运营中，建立一套系统化的创新机制。具体地说，包括以下几个方面：第一，引进人才，发现人才，培养人才，留住人才；第二，完善硬件设施设备，提供硬件保障；第三，为研发提供必需的经费；第四，建立健全激励机制，加大对创新型人才的精神和物质奖励，激发员工的创新热情；第五，加大与科研机构和高等院校的合作，开展产学研合作；第六，打造学习型、创新型组织，营造创新氛围，发动群众共同创新。

企业创新归根结底要依赖人，依赖人才。作为未来职业人，我们要树立创新意识，学习创新技法，培养创新能力，积极主动地参与到企业的创新活动中去。当然，作为学生，现阶段我们应该认真学好科学文化知识，掌握专业实践技能，为未来参与企业创新打下良好的基础。

1. 格力[①]创新的七种武器

《七种武器》是武侠小说家古龙的代表作之一。其笔下的七种武器不是一般的江湖武器,件件精妙绝伦,令江湖人士闻风丧胆。格力电器从一家默默无闻、年产不足 2 万台窗式空调的小厂起步,到成长为全球空调行业的领军企业,依靠的是以创新为核心的"七种武器"。

第一种武器:董明珠。从一名普通的业务员到格力电器董事长,董明珠用时 22 年。如果说朱江波让格力走上正轨,董明珠则让格力飞速发展。在这 22 年中,她走的每一步都格外用力,外界也因此评论说"董明珠走过的路,寸草不生"。多年前,董明珠就强悍表示,未来在家用电器方面,"格力依然保持龙头老大的地位。这个地位不只是在中国,是在全球"。格力在全球空调业的领先地位,从某种意义上讲,源自格力掌舵人董明珠的敬业精神和创新意识。

第二种武器:核心科技。格力电器的发展经历了四个阶段。第一个阶段是"格力空调,创造良机",使用的原材料好,产品质量好;第二个阶段是"好空调,格力造",喊出"买格力空调,八年不需要维修"的口号;第三个阶段是"掌握核心科技",走自主研发道路;第四个阶段是"让天空更蓝,大地更绿",强调节能减排,环保新生态。格力公司每一步发展都是以核心科技作为支撑的。2015 年 9 月,格力自主研发的世界首台光伏直驱变频离心机组成功获得 2015 年度 RAC 国际成就奖,这是中国企业首次在这一国际专业评奖中获奖。2019 年 6 月,格力成功研发出全球单机冷量最大的 1300 冷吨磁悬浮压缩机,这不仅将业内磁悬浮轴承技术提升到新高度,更对推动磁悬浮变频离心机组在全球市场的发展具有重大意义。在 2020 年中国上市公司专利数量排行榜中,格力电器以 47529 件名列第三。正是依赖核心

---

① [格力]即珠海格力电器股份有限公司,成立于 1983 年,总部位于广东珠海,是目前全球最大的集研发、生产、销售、服务为一体的国有控股空调企业。其旗下的格力空调是中国空调业唯一的世界名牌产品。2019 年,格力电器凭借瞩目的营收成绩和创新能力,首次登上美国《财富》杂志评选的"世界 500 强"企业榜单。企业网址:http://www.gree.com。

2020格力"智惠618·健康生活家"主题直播活动创下102.7亿元的销售记录

科技,格力完成了从模仿到自主设计、从"中国制造"到"中国创造"的完美蜕变。

第三种武器:智能制造。2015年5月国务院印发《中国制造2025》,提出中国制造业面临的五个方面的改革,即创新中心建设、智能制造、工业强基、绿色制造、高端装备创新等。作为一家集研发、生产、销售、服务于一体的国际化家电企业,格力电器当然也不会置身事外。早在2012年,格力自主研发的自动化产品超过100种,覆盖工业机器人、智能AGV、数控机械等10多个领域。2019年1月,格力电器联合中国联通、民生银行、深圳建筑总院三大领军企业推出了中国首个"智能制造全产业链应用解决方案合作创新平台",通过设计规划、装备、自动化、信息技术等不同领域的紧密合作,共同推动中国制造业转型升级,为推动制造业高质量发展提供新模式、新样板。

第四种武器:工业设计。格力起步的时候,中国企业大多停留在模仿阶段,很少有人需要"设计"。格力则早早投入工业设计并占据着先发优势:无论是超薄、无缝一体化这样的国际化设计语言,还是圆柱形、汉服领口的创意设计,格力空调都能在市场上脱颖而出,比肩国外品牌。2012年,格力电器凭借"U系列"空调的外观专利获得第十四届中国专利金奖。2019年12月,在第三届中国工业设计展上,格力电器以"点亮多彩生活"为主题展出了珊瑚玉、汝瓷青、樱花粉、暖阳白四大全新色彩系列家电产品,将设计创新与科技创新有机融合,赢得现场参观者的交口称赞。

第五种武器:环保技术。格力电器深刻地认识到绿色环保是国际化通行证,提出"以比国际标准更高的绿色标准生产空调,以比国际技术更优的绿色技术制造产品"的愿景,经过多年的研发创新,其环保技术取得重大进步。2011年7月建成全球首条碳氢制冷剂R290(俗称丙烷)空调生产线。2012年8月,率先研发出R32新型环保冷媒空调,获得全球首张欧洲最具权威的VDE空调安全认证证书。格力依靠其在压缩机与电机技术、变频控制技术、系统节能技术等方面的领先地位,为全球环保产业发展做出了卓越贡献。2019年7月,格力电器成立绿色再生资源公司,进军废弃资源综合利用、环境治理、环保工程施工、二次资源循环利用技术的研究等领域。

第六种武器:全员创新。格力电器把人才视为最大的财富,坚持以多方位的激励体系,对员工为企业做出的贡献给予充分认可和尊重。从1997年起格力开始设立格力电器科技进步奖,2018届科技奖励大会共发出奖金5000万元,单项目奖金最高达120万元。格力电器自主创新体系最大的特点,就是把公司的普通员工培养成技术工人。在格力电器,人才有三个体系,一个是管理体系,一个是技术研发体系,还有一个就是技术工人的培养和发展体系。即使普通的技术工人也可能在精尖的工艺技术上成为专家。对人才的高度重视与培养,是打造格力传奇的最大保障。

第七种武器:渠道模式。行业内普遍认为,独特的渠道模式,是格力以20.6%的全球市场占有率位列家用空调领域榜首的基石。格力电器开创的区域性销售公司的渠道模式,被誉为"21世纪经济领域的全新营销模式"。2019年,面对电商市场新的消费模式及传播方式,格力电器顺应线上线下融合发展的趋势,将原有自建平台格力商城进行重新包装升级,以分销模式结合社交媒体传播的新业务模式,让全体员工参加公司销售渠道开拓,实现格力电器营销模式的升级。格力还坚持高端引领策略,持续发力海外市场。2019年,先后中标南亚和非洲多个大型工程。全年共筹备美国亚特兰大空调、暖通及制冷展,美国芝加哥国际家庭用品及小家电展等国际性专业制冷展会14场,展现了格力自主研发的工业实力。

人们在解读格力成功的秘诀时,把渠道优势列为首要因素。实际上,格力电器依托的是以创新为核心的综合优势。在格力官网"企业文化"版块里,赫然标示着这样的经营理念:

一个没有创新的企业是没有灵魂的企业;

一个没有核心技术的企业是没有脊梁的企业;

一个没有精品的企业是没有未来的企业。

〔议一议〕

1. 一句"好空调,格力造"曾让无数消费者记住格力。今天,尽管海外市场潜在消费整体低迷,但"掌握核心科技"的格力空调发展势头依旧迅猛,不仅出口保持稳定增长,利润也在行业内遥遥领先。这对中国制造业的发展有着怎样的启示?

2. "让世界爱上中国造"是格力电器全新的品牌口号。你认为,格力何以能够发出如此响亮的口号?

2 华为[①]:创新是一场没有终点的长跑

2016年5月,在北京召开的全国科技创新大会上,华为公司总裁任正非直言:"华为现在的水平尚停留在工程数学、物理算法等工程科学的创新层面,尚未真正进入基础理论研究。随着逐步逼近香农定理、摩尔定律的极限,而对大流量、低时延的理论还未创造出来,华为已感到前途茫茫,找不到方向。华为已前进在迷航中。"如何打

破困境,走出迷茫?任正非给出的答案是:追求基础理论创新,追求科技创新,追求

---

① [华为]即华为技术有限公司,成立于1987年,总部位于广东深圳,是一家生产、销售通信设备的民营通信科技公司。2019年,华为帮助全球35家商用5G的运营商打造5G精品网;华为(含荣耀)智能手机市场份额达到17.6%,稳居全球前二;5G手机市场份额全球第一;全球已有700多个城市、228家世界500强企业选择华为作为数字化转型的伙伴。企业网址:https://www.huawei.com。

重大创新。

作为全球领先的信息与通信技术（ICT）解决方案供应商，华为在快速发展中取得了令人瞩目的成绩。华为和运营商一起，在全球170多个国家和地区建设了1500多张网络，为30亿人提供网络服务。华为的成功，离不开华为的企业文化，其核心价值观是将创新视作没有终点的长跑。

华为对创新的理解涵盖两个层面：一是对人类发展趋势的高瞻远瞩。当绝大多数公司依然沉迷于互联网时代思维模式时，华为敏感地预判到，未来二三十年间，人类社会将从劳动力为核心的社会进入人机智能的智能社会。二是对科技研发持之以恒的坚守与追求。正是基于对科技研发的超常规重视，华为从小到大、从大到强，一步一步迈上世界通信设备制造商的巅峰。

华为的创新，首先是制度文化的创新。任正非在华为内部提倡军事文化，包括狼性文化、危机文化、服务文化、服从文化、自我批判文化等9种文化，这些文化归结起来便是"狼性文化"。为了让自己活下去，狼有三大特性：一是敏锐的嗅觉；二是不屈不挠、奋不顾身的进攻精神；三是群体奋斗。虽然也曾饱受诟病，但华为的"狼性文化"让一线员工居安思危，容易进入一种大无畏的精神状态，在与竞争对手的惨烈搏斗中占得先机，实现企业的快速发展。

华为的创新也包括对人的重视与开发。华为从每一个个体出发，尊重每一位员工的个性创造，奉行利益共同体原则，提倡公平竞争，实行利益合理分配。华为员工不但享受优厚的工资待遇，而且公司每年会拿出巨额的利润分红，让员工充分享受到企业的发展红利，增强作为华为人的责任感与自豪感。华为十分重视新员工入职培训。每一个新员工在入职前都要进行为期3个月的封闭培训。在此期间，最重要的是文化培训。在华为，文化是一个平面的基础的东西，文化要普及到所有人。对于团队的新成员来说，融入华为文化需要一个艰苦的过程。因此，华为要求每一位新成员都要积极主动、脚踏实地，在做实的过程中不断领悟华为文化的核心价值，从而认同直至消化、接纳华为的价值观，使自己成为一个既认同华为文化，又能创造价值的华为人。

巨大的经费投入是华为科技创新的最大保障。华为坚持每年将10%以上的销售收入投入研发领域。2019年从事研发的人员约9.6万名，约占公司总人数的49%。近十年累计投入的研发费用超过6000亿元。华为是全球最大的专利持有企业之一，截至2019年底，在全球共持有有效授权专利85000多件。华为还在德国慕尼黑、瑞典斯德哥尔摩、美国达拉斯及硅谷、印度班加罗尔、俄罗斯莫斯科及国内的深圳、上海、北京、南京、西安等地设立了 16 家研究所。巨大的投入带给华为丰厚的回报,就连美国苹果公司每年都要向华为公司支付数亿美元的专利费。

2020 年 4 月 18 日华为发布 Datacom 认证

质量优先是华为创新战略的重要组成部分。在"以客户为中心,以奋斗者为本"的公司核心价值观牵引下,华为积极推进质量优先战略落地,基于客户和消费者需求持续创新,赢得了市场信赖。在行业内,华为对产品质量的关注与执着有口皆碑。譬如,为解决一个在跌落环境下致损概率为三千分之一的手机摄像头质量缺陷,华为会投入数百万元人民币不断测试,最终找出问题并予以解决。为解决生产中的一个非常小的缺陷,华为荣耀曾经关停生产线重新整改,影响了数十万台手机的发货。这种对质量精益求精的"工匠精神",让华为手机超越苹果与三星,一跃成为全球第一大智能手机制造商。

2019 年 BrandZ 全球最具价值品牌百强排行榜中,华为以 294.7 亿美元的品牌价值,排名第 47 位。2019 年 5 月 15 日,美国商务部宣布,把华为及其 70 家附属公司列入管制"实体清单"。这意味着,在没有美国政府的许可下,美国企业不得给华为供货。5 月 18 日,任正非接受日本经济新闻采访时称,即使高通和其他美国供应商不向华为出售芯片,华为也"没问题",因为"我们已经为此做好了准备"。一句云淡风轻的"做好了准备"的背后,是华为人推演"极限生存"的忧患意识,是永不停歇的创新精神。我们相信,只要秉持这样的意识和精神,华为一定能够度过寒冬,"把数字世界带入每个人、每个家庭、每个组织,构建万物互联的智能世界"。

〔议一议〕

1. 你是如何理解"创新是一场没有终点的长跑"这句话的？

2. 华为提升创新能力的主要举措有哪些？

❸ 三星[①]：除了妻子儿女外，一切都要变

三星电子是韩国最大的电子工业企业，同时也是三星集团旗下最大的子公司。在 2019 福布斯全球数字经济 100 强榜单中，三星电子名列第三。从 1938 年李秉喆以 3 万韩元在韩国大邱起家，经过 80 多年的发展，三星电子一跃成为全球电子制造业的领军企业，其成功经验可归结为两个字：改变。

1993 年年初，在美国洛杉矶，李健熙带领着三星集团的众多高级经理们，一起到住所附近的大型百货商店做三星的市场考察。他发现，尽管三星产品低于其他品牌的市场价格，但它仍然被商店的服务人员放在不起眼的角落，并且上面落满灰尘。而索尼和其他品牌的产品，虽然价格高出三星产品很多，但购买者趋之若鹜。国际市场竟然将三星产品视为二流货，这对李健熙和三星决策层来说无疑是一个沉重的打击。

[①] 〔三星〕即三星集团，是韩国最大的跨国企业集团，涉及电子、金融、机械、化学等众多领域。2019 年，其旗下的三星电子、三星人寿保险、三星 C&T 公司均登榜美国《财富》杂志评选的"世界 500 强"。

面对来势汹涌的高科技与信息化革命浪潮和日渐明朗的产业升级、结构调整的全球趋势,三星会长李健熙清醒地认识到三星与世界先进企业之间的巨大差距。这种差距常常让他浑身冷汗,甚至彻夜难眠。因为他深深地感到,在今天的世界,变化将会越来越快,"谁也无法预测半导体、电脑以及光导纤维之间的有机结合,将会使人类文明朝着什么样的方向发展"。在这种情况下,三星如果不能够抓住最后的机会,立即采取切实有效的行动,积极主动地寻求变革,那么不但成为一流企业的愿望将会付诸东流,而且很可能连三流企业的位置都保不住,最后走向灭亡。当年召开的法兰克福年度会议上,李健熙推出了"新经营"改革。他说:"除了妻子儿女外,一切都要变。"这场变革,是一场旨在通过从员工个人到整个企业的积极变化来实现从"数量经营"到"品质经营"的转变,并由此实现世界一流的企业经营革新运动。通过这场变革,三星安然渡过了1998年的亚洲金融危机,并完成公司发展战略的华丽转身:以数字技术为中心,经营核心转向自有品牌。那么,三星成功改革的经验有哪些呢?

位于韩国首尔的三星总部大楼

以消费者为本的创新之道。创新的魅力不在于东西多高多大,而在于是否实用,是否满足消费者的需求。为了能真正洞察消费者需求,三星简直做到了"无所不用其极",各系列产品都针对不同场景的需求特点进行了功能优化,以满足不同消费者的需求特点。例如,在研发可穿戴设备 GearFit 的过程中,三星美国设计研究所甚至发起了"Look Up"活动,让员工密切观察低头玩手机的旧金山行人,从而设计出最符合用户需求的产品。三星空气净化器一推向市场便大受欢迎,原因就在于配备了许多人性化功能。三星始终坚持着以消费者为本的创新理念,通过其技术实力帮助消费者解决实际问题。

别具一格的人才理念。重视人才,教育、培养人才,大胆起用人才,是三星一贯的人才理念。三星的人才理念主要体现在三个方面:一是培训理念。三星创始人李秉喆非常重视人才,他将80%以上的时间用在人才的积聚与培训上。二是招聘理念。三星是韩国最早采用公开招聘制度的企业,被韩国企业界誉为"人才学校"。三是用人理念。三星奉行"唯才是举"的人才选拔与人才使用原则。三星的人才战略是:注重吸纳"天才",善用"个性"人才,敢用奇才、怪才,向全球猎才,为己所用。只要是真正的人才,三星就大胆使用,让其在合适的岗位发挥更大的作用。

设计优先。从20世纪90年代起,三星在产品设计上的重视超过其他任何一家电子公司。首尔三星总部设计中心拥有超过1000名设计师。三星在上海、东京、伦敦、旧金山等地拥有自己的设计研究所,这些区域的设计师不断探索和尝试符合当地文化、生活方式和产业趋势的设计。2020年3月,三星电子在全球知名的iF设计奖评选中获得34个产品设计奖、8个专业概念设计奖、17个交互设计奖、2个包装设计奖。其中,The Sero电视和Bespoke系列冰箱赢得了金奖。"Sero"在韩语中是"垂直"的意思,这款电视可以在水平(横向)和垂直(纵向)的屏幕方向之间进行切换。Bespoke系列冰箱包含8款不同型号的产品,从单开门到四开门不等,用户可以根据自己的喜好进行定制。该系列产品流线型的冰箱门上配备了一块可替换面板,支持采用不同材料和颜色对其进行混搭,充分满足用户的个性需求。可以毫不夸张地说,支撑三星电子快速发展的正是其顺应先导尖端技术趋势的工业设计。

〔议一议〕

1. 三星是在怎样的背景下提出"新经营"改革的?进入21世纪以来,三星秉持着怎样的经营战略?

> 2. 你认为支撑三星将以消费者为本的创新理念转化为现实的根本目的是什么？

4 乔布斯超越盖茨的地方

有人说,夏娃的苹果让人类有了道德,牛顿的苹果让人类有了科学,而乔布斯的苹果①让人有了生活。自英国工业革命以来,企业的定义被打上"盈利工具"的深深烙印,在这一定义之下,最成功的企业是那些最会赚钱的公司,最成功的商业模式是将产品打造成商品,然后再演变成消费品,市场营销的秘诀是把握消费者心理……

乔布斯却要挑战这些,因为他很清楚,企业的终极目标并不是为了盈利,产品的最终用途也不是为了实用,它们还有更重要的东西——生活,引领着时尚的生活,给我们艺术享受的生活。在他的眼里,消费品不仅仅只是实用,它更是一件可供欣赏的艺术品。

乔布斯超越盖茨的第一个地方在于"简单"。这或许跟他的经历有关。他特立独行的性格及皈依佛教的事实让他的思维变得与众不同,他深刻地领悟到"简单"的真谛,并将这种简单贯穿到他的创意与作品中去,融入世俗的潮流之中。

"简单",相对于复杂来说,做起来却极其艰难。由简化繁易,由繁入简难,正所谓"回首向来萧瑟处,归去,也无风雨也无晴"。只有那些能参透人生、回归本真的人,才能真正顿悟到其中的禅意。奇虎360董事长周鸿祎点评乔布斯道:"我相

---

① [苹果]即苹果公司,由史蒂夫·乔布斯、斯蒂夫·沃兹尼亚克、罗·韦恩等三人于1976年在美国加利福尼亚州库比蒂诺市创立,当时叫美国苹果电脑公司,2017年更名为苹果公司。连续多年登榜美国《财富》杂志评选的"世界500强"。史蒂夫·乔布斯(1955—2011),美国发明家、企业家、美国苹果公司联合创始人。苹果(中国境内)网址:https://www.apple.com.cn。

信乔布斯花了很多时间在内省,从过去的错误中吸取经验教训,只不过他可能不愿意讲出来","我想乔布斯在做产品上有一种哲学的高度,他真的能够做取舍"。乔布斯深谙一个最简单的道理:最深奥的道理都是最简单朴素的,最简单的方法可能是解决难题最有效的方法。遵循这一原则,他要让电脑像电话一样简单好用,他掌控的苹果正是以最简约的面目呈现于世人面前。

乔布斯超越盖茨的第二个的地方在于对消费者的态度。两人都非常看重用户和消费者,去把握消费者的心理。但盖茨看重消费者的目的是占领这个市场,只要市场需要,他愿意推出任何市场需要的产品,并由此获取巨额利润。而乔布斯的眼光却放得更高远。他进入IT这个领域的目的不仅仅在于满足这个世界,而在于改变这个世界,因而他更注重用户体验,无论是桌面出版或者iTunes软件,用户体验是他最为关注的东西。这种用户体验,不仅仅是满足消费者的需要,而且是创造一种无与伦比的生活方式与生活品位,并引领着时尚的潮流。

追求完美是乔布斯超越盖茨的第三个地方。如今,苹果在科技领域的硬件、软件及用户界面都堪称完美,然而很少有人知道,追求完美的过程是如何艰辛困苦。商业社会,成本和市场占有率永远是最重要的因素,因为它是维持一个企业生存与运转的重要武器。但乔布斯发出了不同的声音,他曾说:"我根本不在乎市场占有率。我所关心的是怎么制造出世界上最好的微电脑,只要能够达成这个目标,我们的市场占有率自然能够提升。"

位于美国加州库比蒂诺市的苹果公司总部

乔布斯超越盖茨最重要的地方在于理念。盖茨是典型的实用主义哲学信奉者，他的公司里囤积着大量的软件工程师，他们为微软的Windows系统升级殚精竭虑。而苹果的公司团队里却拥有人类学、艺术、历史和文学等学科背景的人才，他们以艺术的名义，赋予苹果的产品以灵魂。这或许是苹果产品风靡世界的最主要的原因。

实用主义哲学的根基在于理性与实用，信奉这一哲学的人思考的问题永远在当下，他的眼光也局限于现在。盖茨始终认为，学习要与工作相关，因而教育投资应优先考虑那些能创造工作机会的学科和院系。他主张，教育体系的根本在于营造一个更高效率和效能的学习环境。从某种意义上说，实用和效率，是盖茨认识世界的基本理念。

乔布斯却不这样看，他的理念更偏向于理想主义。他在苹果新品发布会上说："在苹果产品的DNA中，单技术一项是不够的；是技术和人文的结合，使我们能够让自己的心灵歌唱。而在这些后PC设备中，情况更是如此。"他很清楚，技术再先进，也必须为人类服务；如果没有艺术的参与，再创新的产品依然只是一件没有灵魂的产品，不可能与人类发生亲密的接触。唯有科技与艺术并重，将艺术的灵感融入科技的创新中去，产品才能真正获得生命，这样的创新才更能持久。

在生前的最后一次对媒体公开亮相的场合，乔布斯展示了一幅图。图画以一个十字路口为画面，两条交叉的道路边各有一块路牌，一块写着"技术"，一块写着"人文"。从他无数次对"人文"的重复中我们发现，苹果之所以取得难以复制的成功，并不在于它在技术层面的创新有多么完美，更重要的是它创新了一种生活理念、一种生活方式。当人类在大地上辛勤劳作的时候，我们的需求并不仅仅是衣食温饱，也并不仅仅是享受与愉悦，我们还需要在这个世界"诗意地栖居"，这便是艺术，它是人类最理想的生活方式，或者说是人类生活的至高境界。

〔议一议〕

1. 乔布斯在产品设计中是如何体现"简单"这一理念的？

2. 乔布斯生前在苹果新品发布会上说："在苹果产品的 DNA 中,单技术一项是不够的;是技术和人文的结合,使我们能够让自己的心灵歌唱。而在这些后 PC 设备中,情况更是如此。"你是如何理解这句话的?

思考与实践

一、简答题

1. 创新的本质是什么?企业创新一般包括哪些方面?

2. 联系实际,谈谈从"中国制造"迈向"中国智造",我们职业学校的学生能够做些什么。

二、案例分析

阅读下面的案例,回答后面的问题。

胶片巨人柯达为何走上破产之路?

2012 年 1 月 19 日,柯达公司在纽约南区法院申请破产保护。此时,柯达公司负债总额达到 67.5 亿美元,而包括专利在内的所有资产的价值总额只有 51 亿美元,已经资不抵债,符合破产保护的条件。在资本市场,柯达的股价从 1997 年的 93 美元跌落到破产前夕的每股 0.36 美元。这家拥有 130 年历史的老牌公司、曾经的胶片巨人,最终走上了破产之路。

1880 年,美国人乔治·伊斯曼在美国纽约州的罗切斯特成立伊斯曼干版制造公司,利用自己研制的配方制作胶片;8 年后正式推出柯达盒式相机,以及那句著名的口号:"你只需按动快门,剩下的交给我们来做。"

接下来，X射线的发现，无数世界级照片，诸多新闻热点，柯达提供的光影世界与人们的记忆瞬间紧密相连。哈佛商学院2005年的一份研究报告显示，截至1975年，柯达垄断美国90%的胶卷市场及85%的相机市场份额。在最鼎盛时期，柯达在全球的雇员超过14.5万人，俨然是彼时的"苹果"。

然而，随着数码影像技术的更新换代，2000年年底，传统的胶卷需求开始停滞，柯达的辉煌时代一去不复返了。以每年10%的速度迅速萎缩的胶卷市场，从柯达的财务数据上得到最为直观的体现：自1997年后（除2007年），再无盈利记录。

其实柯达进入数字照相行业并不晚，甚至是数字摄影技术的发明者。1991年，柯达与尼康合作推出了一款专业级数码相机。1996年，柯达推出了其首款傻瓜相机。不过，同富士和奥林巴斯这些竞争对手相比，柯达的动作还是太慢了，仍把主要精力放在传统模拟相机胶卷生意上。

2003年9月26日，柯达宣布实施一项重大的战略性转变：放弃传统的胶卷业务，重心向新兴的数字产品转移。新战略要点包括：整顿传统业务管理以扩大现金收入；加速发展公司已有数字图像产品和服务；严格执行收购行为以填补已有业务的不足，并加速进入紧密关联的图像市场；在诸如电子显示和喷墨打印领域发掘长期增长机会。然而，一系列的变革措施并没有改变柯达在经营上的颓势。

2007年12月，柯达决定实施第二次战略重组，这是一个时间长达4年、耗资34亿美元的庞大计划。重组的目标很明确，把公司的业务重点从传统的胶片业务转向数码产品。可惜，柯达战略重组生不逢时，2008年的金融危机终结了柯达短暂的复苏势头。柯达收入近200亿美元，营业性亏损高达5800万美元，其主要的利润来源竟是专利技术的转让。但专利技术的转让是不可持续的，随着经营越发困难，债务越加沉重，柯达最终向纽约地方法院递交了破产申请。

柯达曾经喊出过这样自豪的口号："你只需按下快门，剩下的交给我们来做。"但对于今日的柯达而言，那些曾经的辉煌都已成明日黄花。

1. 柯达公司创立于1880年。作为一家美国老牌企业、世界著名企业，柯达公司为何最终被市场抛弃，走上破产之路？

2. 面对数码影像技术的快速发展,柯达公司采取过哪些措施来断臂自救? 为何最终效果并不明显?

三、实践活动

以"创新作品分享"为主题,开展一次创新实践活动。

根据自己的专业、兴趣、特长,从生产生活的实际出发,选择一个项目做创新或创意设计。要考虑项目实施的可行性,尽可能做成实物;不能做成实物的,要有清晰的图样和具体的说明。可以单独设计,也可以两三人共同设计。在设计过程中,可请老师或有关专业人士进行指导。

作品完成后,写一份简短的说明,并配上适当的图片,介绍设计的理念、思路及效果等。将你的设计说明制作成电子版,通过手机 QQ、微信朋友圈、微信公众平台等新媒体发布和传播。

四、推荐阅读

1. 《华为哲学:任正非的企业之道》(周留征著,机械工业出版社 2015 年版)。
2. 《史蒂夫·乔布斯传》(沃尔特·艾萨克森著,管延圻等译,中信出版社 2014 年版)。

[阅读体会或书摘]

第9课　背着十字架前行

——企业文化之"履行责任"

每个人都背负着一个沉重的十字架，缓慢而艰难地前行。有一个人忽然停了下来，他想，若把十字架砍掉一小截应该不会有什么问题吧？确实，砍掉一小截后的十字架让他感觉轻松了很多，他的步伐也不由得加快了。就这样走啊走啊，每当他觉得肩上的十字架沉重的时候，他便会动手再砍掉一小截！这样一来，当其他人吃力地负重前行时，他却轻松地哼着小曲，毫不费力地走到了队伍的最前面。突然，前边出现了一条又深又宽的沟壑，沟上没有桥，周围也没有路，更没有蜘蛛侠或者超人出来解救他……后面的人都慢慢地赶上来了，他们用自己背负的十字架搭在沟上做成桥，从容不迫地跨越了沟壑。他也想如法炮制。只可惜他的十字架已经被砍掉了长长的一大截，根本无法做成桥帮助他跨越沟壑！于是，当其他人朝着目标继续前进时，他却只能停在原地，垂头丧气，追悔莫及……

企业在经营发展道路上有很多这样的沟壑，如何跨越，靠的不是临场一跃，而是平时的努力，努力地肩负企业应该承担的那份责任。尽管在某一时间段我们可能走得缓慢而艰辛，但是一分耕耘一分收获。当我们清除了心田的杂草，撒下责任的种子，呵护它，培育它，它会在适当的时候给予我们回报。

> **知识导航**

责任意识是社会群体或个人在一定社会历史条件下所形成的,为了建立美好社会而承担相应责任、履行各种义务的自律意识和人格素质,是社会群体或个人对价值观、忠诚、良知、信仰的认同。

作为社会经济组织的细胞,每一个企业都负有其社会责任。社会是企业利益的来源,企业在利用社会发展契机创造利润、追求自身利益的同时,也应该主动回报社会、奉献社会,促进社会的和谐进步,这是企业不可推卸的责任。一个伟大的企业始终把服务社会、造福人类、改变生活等作为自己的崇高使命。

企业的社会责任指企业对社会所做出的有偿与无偿的贡献,主要包括以下方面:创造物质文明与精神文明,把高质量的产品和服务以合理的价格提供给消费者;依靠社会创造财富,合法经营,依法纳税,为社会提供就业岗位;自觉保护环境,发展循环经济和低碳经济,促进可持续发展;参与社会公益活动,救助社会中需要关心的群体,如扶贫济困、捐助教育、服务大众等。在追求利润的同时,主动承担社会责任,是企业实现自我价值和社会价值的最佳结合。一个企业只有积极履行社会责任,努力塑造有益于公众、有益于环境、有益于社会发展的良好形象,才能获得持久的发展。

习近平总书记说:"有多大担当,才能干多大事业;尽多大责任,才会有多大成就。"这句话同样适用于企业。只有把服务社会、奉献社会、造福社会看成自己的责任,抱着对社会感恩、对社会发展负责的态度来经营和发展企业,企业才能获得更多的社会尊重，赢得更多的竞争资本，成就更大的事业。

企业社会责任的履行，不仅需要企业家将这种理念融入企业的战略管理中，也需要通过员工来践行。比尔·盖茨曾对他的员工说："人可以不伟大，但不可以没有责任心。"企业需要有能力的员工，然而更需要有责任心的员工。只有拥有负责任的工作态度，一丝不苟地对待本职工作，以责任为动力去战胜困难，才能把工作做得出色，也才能真正理解企业公民的责任行为，从而恪守职责，与企业一起担当，在推动企业发展的同时推动社会向前发展。

1 南航：连通世界各地，创造美好生活①

2020年4月，南航发布《2019年社会责任报告》，这是自2008年以来南航连续13年发布社会责任报告。报告以"连通世界各地，创造美好生活"为主题，将南航

2019年履行社会责任的情况生动地呈现了出来，展现了南航温暖、透明、负责的阳光形象。

2019年是中华人民共和国成立70周年，是决胜全面建成小康社会的关键之年，也是新中国民航成立70周年。作为三大国有骨干航空企业之一，南航积极响应国家号召，持续推动高质量发展，履行企业社会责任，坚定不移地做民航强国的贡献者和社会进步的推动者。南航全面落实有关方面对社会责任工作的要求，进一步提升公司社会责任治理能力，在聚焦国家战略、扶贫抗疫、应对气候变化、"一带一路"责任履行等方面做出显著贡献。

■ **聚焦国家战略　贡献南航力量**

2019年9月25日，北京大兴国际机场正式通航。大兴机场是习近平总书记亲自决策、亲自推动、亲自宣布开航的世纪工程，是国家发展的一个新的动力源，是支

---

① 摘自民航资源网（http://www.carnoc.com）2020年4月3日"新闻"频道。原题为"南航发布《2019年社会责任报告》"，略有删改。南航，即中国南方航空股份有限公司，成立于1995年，是中国运输飞机数量最多、航线网络最发达、年旅客运输量最大的航空公司。2019年，位列美国《财富》杂志评选的"中国500强"企业第67位。企业网址：http://www.csair.com/cn。

撑雄安新区建设的京津冀区域综合交通枢纽。南航以最坚决和最积极的态度服务国家战略,全力助推大兴机场建成国际国内复合型航空中枢,为全球旅客打造面向未来的绿色、智能、科技的出行新体验,开启南航广州—北京"双枢纽"时代。南航已完成首批13条航线转场,截至2021年3月底,南航集团将承担约43%的业务量,成为大兴机场最大主基地航空公司,助力大兴机场加快建成国际一流、世界领先的国际航空枢纽。

2019年,南航全力服务粤港澳大湾区建设,进一步加快粤港澳大湾区航空资源整合。2019年7月20日,南航集团宣布正式实施股权多元化改革,广东省、广州市、深圳市通过其确定的投资主体以现金方式各向南航集团增资人民币100亿元,合计增资人民币300亿元。南航推出大湾区专属产品服务体系,为大湾区旅客出行提供更丰富的购票选择、更优质的出行体验、更灵活的会员权益,让旅客出行更便利。

■ 发挥航空优势　勇担企业使命

精准扶贫是全面建成小康社会、实现中华民族伟大复兴"中国梦"的重要保障。2019年,南航积极落实党中央、国务院精准扶贫工作要求,发挥航空业务优势,结合帮扶地实际,探索形成"航空引领、产业带动、教育固本、关爱救助、阳光扶贫"的特色扶贫模式。在新疆皮山县、墨玉县等地开展扶贫工作,全年投入帮扶资金3593万元,派出挂职和驻村扶贫干部77人,帮助当地脱贫致富奔小康。

2020年伊始,一场突如其来的防控新冠肺炎疫情阻击战在中华大地骤然打响。疫情无情,人间有爱。疫情发生后,南航第一时间响应,充分发挥航空优势,动用一切资源和力量,与时间赛跑,与疫情赛跑,通过一架架救援包机搭建起空中战"疫"的最快通道,全力投入到打赢疫情防控的阻击战中,携手社会各界共战疫情,打好抗"疫"、复产组合拳。自2020年1月24日至2月29日,南航执行救援包机任务航班94架次,运送医护人员9516人,运送救援物资495.28吨。南航集团向湖北省捐赠现金1000万元。

截至2019年年底,南航在"一带一路"沿线累计开通了102条航线,积极融入海外社区,助力"一带一路"沿线各国实现设施连通、贸易畅通、文化相通。

■ 践行绿色发展　守护地球环境

气候变化问题是全球面临的共同挑战。南航将应对气候变化视为责无旁贷的责任,始终将绿色发展作为核心原则之一。南航通过技术优化、管理提升及大数据分析等手段,持续提升航油使用效率,减少温室气体排放。其中,南航利用自主研发的"航油 E 云"实时大数据共享平台,预计每年可减少航油浪费约 1500 吨。南航也因此获得国际航协邀请,参与全球航油数据标准制定,为全球航空数据标准制定提供中国方案。此外,南航还做出诸多创新,首次采用生物航油执行洲际飞行,推动全球首单 1 万吨规模欧盟碳配额与广东碳配额互换交易业务。2019 年,南航吨公里油耗同比下降 3.95%。

2019 年 2 月 23 日,一架编号为 B-305E 的全新 A320NEO 飞机从法国图卢兹经停哈萨克斯坦阿斯塔纳飞抵广州白云国际机场,加盟南航机队。此次洲际飞行的首段使用了 10% 掺混比例的航空生物燃料,是南航首次使用生物航油执行飞行任务。

腾飞的南航客机

■ **聚焦治理　建设高效企业**

2019 年,南航集团完成运输安全飞行 295.1 万小时,累计安全飞行 2638.6 万小时,安全表现继续保持领先。南航提出"亲和精细"的服务定位,开展服务质量专项提升行动,重点抓好枢纽服务、航延服务、行李服务等旅客关注的重点问题,不断提升服务品质。全年南航航班正常率 83.32%,在国内三大航空公司中排名第一,荣获《商旅》杂志和"金凤奖"2019 年度"最佳航空公司"第一名。

〔议一议〕

1. 举例说说南航是怎样聚焦国家战略,贡献自身力量的。

2. 南航将绿色发展作为履行社会责任,推动企业可持续发展的重要手段。说说南航怎样践行绿色发展理念的。

❷ 亨通集团[①]：让社会责任融入企业血液

亨通集团从吴江一家小农具厂发展而来，如今已是中国光纤通信行业的领军企业、全球线缆主力供应商。亨通集团董事长崔根良是一位企业家，也是一位慈善家。亨通集团在自身发展壮大的同时，热心公益事业，不忘回馈社会。从20世纪90年代起，亨通集团每年用于各类社会慈善、公益事业的捐助，累计已超3

亿元。2011年，亨通集团和崔根良董事长共同捐献5000万元成立亨通慈善基金会，这是江苏省首家民营企业发起的非公募慈善基金会。从最初的助人为乐，到如今将社会责任纳入企业整体发展战略，亨通集团已走在民营企业自觉履行社会责任的前沿。

■ "鹤轩安耆"工程

"鹤轩安耆"工程是中央财政和民政部支持社会组织参与社会服务的公益示范项目。"鹤轩安耆"工程的核心是敬老，让老区农村的"五保"老人分享改革开放的成果，让他们拥有一个安享晚年的幸福家园。亨通慈善基金会累计投入项目改造资金1000余万元，在江西赣州、吉安两地改造了25家敬老院的相关生活设施，捐赠了25辆配套生活救护用车，受益孤寡老人达5000多人。该项目被评为"2012年度中国典范公益项目"。

■ 助残圆梦行动

2011年，亨通慈善基金会和吴江区残联共同发起"助残圆梦行动"，旨在让吴江本地贫困残疾人家庭享受现代家居生活条件。活动开展以来，亨通慈善基金会为全区1700余户贫困残疾人家庭实现了液晶电视机、洗衣机、冰箱和热水器四大家电全覆盖，全面提高了贫困残疾人家庭的生活质量。从2017年起，亨通慈善基

---

① [亨通集团] 即亨通集团有限公司，成立于1991年，位于苏州市吴江区，是一家以光电线缆研发制造为主，覆盖地产置业、热电能源、金融服务及对外投资等多元领域的大型企业集团。亨通集团连续多年登上中国企业联合会、中国企业家协会发布的"中国企业500强"排行榜。企业网址：http://www.hengtonggroup.com。

金会又把关爱的视角转向教育领域,为全区 200 多户贫困残疾人家庭义务教育阶段的学生捐赠奖学金、助学金、电子词典等,一圆贫困残疾人家庭学生的求学梦。

■ "乐和之家"项目

这是中国光彩事业基金会主导实施的光彩项目,在重庆巫溪、黔江、酉阳 3 个区县的 10 所小学(乡村)进行试点,以关爱留守儿童为主要内容,立足农村社区,实现村校对接,促进社会管理创新,再造乡村社会的自助互助文化。亨通慈善基金会为本项目捐资 500 万元,旨在为社会组织协助政府解决留守儿童问题探索出行之有效的方式和方法,促进社会和谐发展。

■ 先心病儿童救助行动

亨通慈善基金会与中华慈善总会、中国人民解放军空军总医院、中华慈善总会新闻界志愿者慈善促进工作委员会合作,针对云南德宏州和普洱市两地贫困少数民族家庭 100 名 0 至 14 岁患先天性心脏病儿童,到北京空军总医院进行免费手术治疗,亨通慈善基金会捐资 250 万元,承担全部手术费用。

■ 残疾人就业

多年来,亨通一直关心、支持残疾人事业,累计安排 2000 多名残疾人就业。亨通针对残疾人职工积极开展各类技能培训,帮助他们掌握生产技能,提高社会竞争能力。亨通注重激励他们的工作信心,帮助他们立足岗位,发挥专长。患有小儿麻痹症的计巧法,如今已在亨通工作 20 多年,是亨通光电缆产业园餐厅管理部的员工。2019 年在亨通集团成立 20 周年庆祝大会上,计巧法荣获"亨通 20 年"员工。残疾人是亨通大家庭的一员,享受同岗同酬的待遇。

■ 赈灾抗疫

早在 1998 年全国抗洪抢险期间,亨通集团就主动捐资支援灾区人民生活和重建工作。2001 年又向遭受雪灾的新疆和内蒙古地区捐资援助。2008 年汶川大地震,虽然亨通集团下属子公司成都亨通光通信有限公司也遭受了灾害,但本着"一方有难,八方支援"的关爱精神,亨通集团毅然动员各子公司和全体员工累计捐款捐物 1000 余万元,为企业回馈社会做出了应有的表率。2009 年,"莫拉克"台风使台湾同胞饱受灾害之苦,亨通员工自发捐款 4 万余元,向台湾同胞献出了自己的一份爱心。

2020 年新冠肺炎疫情暴发后,亨通集团积极响应全国工商联、江苏省工商联发出的号召,发挥自身全球资源优势,向江苏省光彩事业基金会、湖北省红十字会等机构捐款捐物 700 万元(其中,现金 300 万元,全球采购 N95 口罩、医用防护服等

亨通集团调集物资驰援雷神山医院建设

紧缺物资 200 万元，雷神山医院建设电力物资 200 万元）。1 月 27 日，亨通集团接到雷神山应急医院项目指挥部物资需求指令后，迅即在 58 小时内上演一连串接力行动——从组织加班赶制、检测装车，到跨省十余小时运送，1 月 31 日上午，将项目急需电力物资第一时间送抵雷神山应急工程现场。这是省外驰援该项目中首批捐赠送达的急需电力物资。

■ 志愿服务

经过多年探索，亨通形成了独具特色的志愿服务链。亨通青年志愿者服务队目前注册人数超过 3800 人，下设便民服务志愿队、网络文明志愿队、文化传播志愿队、扶贫帮困志愿队、传播文明风尚志愿队 5 个分队。各分队定期组织志愿服务活动，每年不少于 6 次。亨通注重对志愿者进行岗前志愿服务培训，建立了激励机制，并给予活动经费，树立起志愿服务的亨通品牌。

亨通集团和崔根良董事长的慈善行为获得了政府部门与社会组织给予的各种荣誉，如企业获得"中国企业社会责任 500 强""企业社会责任特别大奖""中国优秀企业公民""中国公益慈善明星单位"等荣誉称号，崔根良董事长获得"中国十大慈善家""光彩事业 20 周年突出贡献人物""中华慈善奖'最具爱心捐赠个人'"等荣誉称号。

崔根良董事长在接受采访时曾表示："一个企业履行好社会责任，不能简单地理解为就是捐款捐物。企业的根本责任是经营好企业，为社会提供更好的产品和服务，同时在依法经营的前提下，积极担当社会责任，多贡献税收，多创造就业岗位,引导和推动地方产业发展,为地方经济多做贡献。"作为"中国企业 500 强"之一,亨通集团多年来一直是吴江区民营企业纳税第一大户,为地方经济社会发展做出了贡献。

[议一议]

1. 亨通集团热心社会公益事业,积极履行社会责任,他们的哪些做法最让你感动?

2. 一个企业履行社会责任的根本是什么?你是如何理解崔根良董事长所说的那段话的?

3 老乡鸡:疫情在前,重任在肩[①]

2020 年 1 月,新冠肺炎疫情暴发之后,全国各地涌现出许多感人的故事。各地医护人员、安保人员,甚至驾驶员、清洁员写下请战书,走向了抗击疫情的第一线,让无数人泪目。

当大家把目光都聚焦到抗疫一线的时候,正月十五,有一段 5 分钟观阅量突破 10 万次的视频,让大家感动不已。在这段视频中,知名餐饮企业老乡鸡的董事长束从轩亲手撕掉了员工的"减薪请愿书"。这封请愿书中,员

---

① 选自凤凰网(https://www.ifeng.com)2020 年 2 月 10 日"安徽"频道,有改动。老乡鸡,即安徽老乡鸡餐饮有限公司,2003 年在安徽合肥开业,目前在全国有 800 多家直营店。2020 年 6 月,入选中国烹饪协会评选的"2019 年中国餐饮企业百强"。

工表示"自愿放弃疫情期间的工资,与公司共抗疫情,共渡难关"。面对员工展现的大爱,束从轩给予明确的答复:"哪怕是卖房子、卖车子,我们也会千方百计确保你们有饭吃、有班上!"

看似简单的几句话,却让老乡鸡员工和无数人再次泪目。疫情当前,除了共抗疫情以外,各行各业的发展和员工的工资发放,成为社会热议的又一大焦点话题,而其中,餐饮行业的路有多难走,更是很多人难以想象的。

5000亿元!这是7天春节假期国内餐饮行业遭受的损失。据业内估计,作为中式快餐品牌的老乡鸡,受疫情影响,保守估计可能损失5个亿。这个不小的数目,给老乡鸡带来了前所未有的经营压力,部分门店关闭、员工休业、零营收、食材积压……

即便如此,老乡鸡没有向疫情低头,而是带头做表率,挑起了企业社会责任的重担。

■ **迅速反应,第一时间关闭100多家店**

和时间赛跑,就是和疫情抗争。在束从轩手撕请愿书的视频中,特别提到湖北子公司总经理李超龙和他的伙伴们在武汉封城后,第一时间主动、迅速关闭了武汉100多家店面。这样,不仅保障了员工和顾客的安全,也最大限度地减少了疫情的传播风险。当时,老乡鸡有数千名员工留守武汉。湖北子公司还在第一时间成立了疫情防控小组,草拟了疫情防控预案,为员工调集防疫口罩和防护服,并核实了员工的健康状况。经过排查,在武汉的员工无一被感染,无一被隔离,大伙儿都平安无事。

老乡鸡为武汉医护人员备餐

■ 迎难而上，坚守岗位站好每一班岗

武汉封城后，不断上涨的确诊人数，一线医生物资匮乏、超负荷工作的新闻，时刻牵动着社会各界的心。由于外卖停送，武汉同济医院医护人员的"年夜饭"只有方便面和蛋黄派，穿着防护服的医护人员围在桌前齐喊着"武汉加油"。这一幕点燃了老乡鸡为一线医护人员送餐的决心。

从大年初二开始，李超龙就给留守员工发出了线上通知：回到岗位上，在保护好自己的前提下，关起门来专为武汉一线医护人员做饭。而他自己，则带领员工开车奔走在为武汉各大医院送餐的最前线。就这样，每天都有1000多份来自老乡鸡的爱心餐，送达武汉当地的十几家医院。老乡鸡的员工们还细心地用便利贴附上了许多暖心图画，鼓舞一线医护工作者与病毒战斗。

同时，在其他按下暂停键的城市，也依然有老乡鸡的员工坚守在岗位上，为人们提供一顿好饭，保障基本的民生需求，束从轩亲切地称他们为"宝藏男孩""宝藏女孩"。他们的坚守，同样是在为抗击疫情做出贡献。

坚守岗位不退缩，倾尽全力抗疫情，这或许就是此次疫情中，老乡鸡所展现的企业精神，也正如束从轩所说："老乡鸡人面对挫折，从来没有怕过。"

■ 绝不减薪，不让共患难的员工寒心

在束从轩手撕减薪请愿书的视频发布后，不少人为之动容，更有网友表示"疫情会成为对企业的磨炼，如同二万五千里长征，迎来的，会是一个所向披靡的团队"。

疫情期间，有人加班，有人延迟复工，有人被隔离，如何发放工资，让员工心慌，也让面临经营困难的企业陷入两难境遇。老乡鸡全国800家直营店，有半数门店暂停营业，即便仍在经营的店面，也是门可罗雀的状态。此时，束从轩以积极乐观的心态，对员工减薪的请愿说不，并且鼓励员工在家做好防控的同时，宅出精气神，这无疑为员工注入了一针强心剂。"在这个特殊时期，员工不安的情绪会传染，他们除了担忧会不会染上病毒外，更关心会不会就此丢掉饭碗，此时最需要我的一个态度。"束丛轩说。老乡鸡的担当，或许就是无数老乡鸡人愿意和企业经历数十年风雨而不散的原因，也是每一个老乡鸡人自豪的来源。

此外，束从轩还喊话餐饮同行和上千家合作伙伴，"别怕！当前最重要的是不给抗击疫情添麻烦，疫情结束后，有的是生意做"，"相信祖国，相信老乡鸡人"。

■ 疫情面前，餐饮行业的责任大如天

老乡鸡老板束从轩手撕员工请愿书，是对员工的一个"交代"；老乡鸡在疫情中展现的担当，是对社会的一个"交代"。

从 1982 年创业养鸡,到如今成为一家拥有 800 多家店、16000 多名员工的餐饮企业,老乡鸡的路走得不平坦,却很扎实。因此,在面对"非典"、禽流感、雪灾及此次疫情时,才有实力、有自信走在前列,勇担社会责任,为企业做表率。

束从轩毫不手软撕掉减薪请愿书的视频,获得了无数点赞。这些点赞,更代表着人们对战胜疫情的期盼和信心。在以习近平同志为核心的党中央的坚强领导下,经过全国上下和广大人民群众艰苦卓绝的努力,到了 2020 年 4 月,全国疫情防控取得了重大战略成果。

〔议一议〕

1. 在举国抗击新冠肺炎疫情的关键时期,老乡鸡是怎样履行自己的社会责任的?

2. 古人说:"厚德载物。"结合本案例,说说企业的发展壮大,除了自身要善于经营之外,与其积极履行社会责任有着怎样的关系。

4 招商银行苏州分行:尽我所能,人人公益

以责任担当为主线,以开放融合理念,回馈社会,提升企业形象,是招商银行苏州分行企业文化的重要组成部分。为实现这一理念,企业与时俱进,开展丰富多彩的活动,无论慈善募捐,扶贫救困,还是关注弱势儿童,开展"地球一小时"活动,都活跃着苏州招行人的身影。

■ 支持云南贫困地区

扶危济困、和谐共生是招行人共同的价值观。每年发动员工一起为云南省武定、永仁两县定向捐款捐物,已成为招商银行苏州分行回馈社会的传统项目,2020年已是第 20 个年头。每年募款超过 10 万元,为山区小学筹建图书室。员工还与

山区贫困学生开展"1+1"结对帮扶,先后结对 80 多对,除单独捐款助学外,还与受助孩子保持定期联系,鼓励他们完成学业,立足社会。

为响应党和政府号召,推进精准扶贫,2019 年苏州分行还选派一名优秀党员干部远赴云南省武定县海拔 2300 多米的插甸村,担任为期两年的驻村扶贫支部书记,为打赢脱贫攻坚战贡献力量。

■ **关爱特殊困难群体**

苏州分行每年发动"同在一片蓝天下"员工一日捐活动,并设立招行专项助学金,帮助苏州地区学习成绩优秀但家庭条件困难的学子,激励他们勤奋学习,努力成才。

2019 年 5 月,苏州分行举行了"传递梦想,传递爱"公益义卖活动。员工们纷纷拿出自己珍藏的物品,邀请家属、客户朋友一起参加拍卖活动。拍卖所得定向捐给儿童福利院,帮助孤残儿童健康成长。

招行苏州分行举行"传递梦想,传递爱"公益义卖活动

每年 4 月 2 日"世界自闭症关注日"来临之际,苏州分行响应招行号召,宣传发动招行信用卡"小积分,微慈善"活动,关心关注自闭症孩子。"用爱心,用积分,为自闭症儿童点亮一盏心中的蓝灯",是招行人的宣传口号。持卡人每捐 500 个信用卡积分,就可以点亮一盏蓝灯,为自闭症儿童捐赠 1 个课时的专业辅导训练课程。课时通过公益组织壹基金,与全国 100 多个自闭症权威康复机构合作,运用到需要帮助的自闭症儿童的康复中。"小积分,微慈善"众筹平台倡导以少量积分实现公益捐赠,传递"聚沙成塔"的慈善理念。

■ **践行绿色发展理念**

坚持和发展新时代中国特色社会主义基本方略,就要积极推进生态文明建设,树立和践行绿色发展理念，形成绿色生产方式和生活方式。招行人的社会责任意识也在绿色生活"地球一小时"活动中得到了充分体现。全行员工在不同地点，以不同形式，和家人、朋友一起，用心感受黑暗中的一小时。这一活动在招行的广大客户及其他社会群体中引起了热烈反响。为丰富活动内涵，除了在活动日当天20:30—21:30关闭公司用电一小时之外，苏州分行还组织了"地球一小时"主题摄影作品征集活动、"如何度过黑暗中的一小时"创意点子征集活动等。这些活动的开展，调动了家属和员工参与的积极性，扩大了活动的社会影响。

■ 让公益走进生活点滴

为了践行"源于社会，回报社会"的企业社会责任理念，招商银行通过构建随手触达、场景丰富的网络公益平台，打造以"客户+科技"为核心的最佳客户体验银行。通过与多家公益机构深度合作，开展"月捐悦多"活动，发起多个持续性公益计划，除与壹基金合作的关注自闭症儿童活动外，还与中国青少年发展基金会共同设立"希望图书室"，与红十字会携手"老兵关怀"计划，与中国绿化基金会共同打造"绿色阿拉善"项目，与中华环保基金会共同开展"一棵红柳"线上公益计划。苏州分行积极宣传这些公益项目，鼓励客户参与，客户可在线上自主选择公益项目和月捐额度，以点滴行为实践"人人皆可慈善"的理念。

■ 开展公益宣传教育活动

每年3月15日"国际消费者权益日"到来之际，苏州分行都开展"行长值大堂"活动，倾心听取客户的意见和建议，体验客户的服务感受。经常性赴学校、社区、工厂，针对老人、学生和外来务工者，以案说法，互动交流，有针对性地开展防范金融诈骗、保障消费者权益的公众宣传教育活动。2019年，苏州分行累计开展此类活动280多场次。

苏州分行把承担社会责任作为企业发展的固本之举，倡导"人人公益"行动，携手员工、公众和公益机构共同参与社会公益事业，强化了全体公民的社会责任意识，翻开了全民慈善的新篇章。

〔议一议〕

1. 招商银行苏州分行号召每一位员工用实际行动履行社会责任，有着怎样的意义？

2. 举例说明招商银行是如何倡导和推动"人人公益"行动的,并谈谈你对此的认识。

思考与实践

一、简答题

1. 企业的社会责任包括哪些方面?作为未来企业员工,我们应该为企业履行社会责任做些什么?

2. 马云说:"其实企业家也分为生意人、商人和企业家,他们是有基本差异的。生意人是有钱就赚;商人是有所为有所不为,有些钱我是不赚的;企业家赚钱只是他的基本功能,担当社会责任才能称为企业家,为社会创造更多的财富和价值。我的企业和行业是推动社会进步的,所想的问题远远超过生意本身。"请联系企业社会责任的概念,谈谈你对这段话的理解。

二、案例分析

阅读下面的案例,回答后面的问题。

苏州富士胶片:勇担责任,助残就业

《富士胶片集团企业行动宪章》规定:"作为良好的企业公民,(公司)在尊重并正确理解地区文化和习俗的同时,要从推动地区发展开始,积极为促进全社会的发展做出贡献。"富士胶片响应政府号召,每年招收一部分残障人员,从事相关工作,并给予工作和生活上的照顾和资助。

　　小张,1984年出生,苏州新区人。小时候因玩耍时不慎,致左眼失明。那时父母对她百般呵护,没有让她感受太多的不幸。随着一天天长大,同龄的朋友都去工作了,她有了很大的失落感。看着父母一天天变得苍老,她心里非常难受,提出自己要去工作,坚持要以自己的能力养活自己。父母开始帮她联系工作,但对小张来说,要找份工作谈何容易!几乎发动了所有的亲朋好友四处联系,还是没有企业愿意录用她。当得知苏州富士胶片招收一部分残疾人的消息后,小张抱着试试看的心态,应聘了作业员岗位。招聘人员对小张的经历非常同情,将她安排到数码相机组装岗位上。小张上班后,公司主管专门给小张安排了一位技术过硬、为人和善又细心的师傅,既手把手教她技术,又在生活上处处给予她照顾。公司还发动小张身边的同事,组成一个小组,轮流为她解决生活中的不便。公司了解到小张的家离公司较远,每天来回奔波非常辛苦,在公司住宿条件非常紧张的情况下,为她安排了宿舍。

　　小张凭借自己的心灵手巧和勤奋刻苦,很快就掌握了熟练的技术。一年以后自己也带起了徒弟,技术更加精进。现在的小张已成长为一名技术能手,成为生产线的组长。在同事的热心帮助下,小张找到了忠厚善良的丈夫,开始了她的幸福生活。能够自食其力对于小张来说已经是很幸福的事情,拥有自己的家庭和事业,更是小张的人生幸事。小张常感慨道:"是苏州富士胶片让我找到了自信和幸福!"

　　小张的故事只是苏州富士胶片履行社会责任的案例之一。该企业先后获得"世界500强在华投资企业社会责任排行榜第20位""苏州市社会事业先进集体""苏州市促进失地农民就业贡献奖""劳动关系和谐企业"等殊荣。

1. 在这个案例中,苏州富士胶片从哪些方面给予了小张人文关怀?

2. 你认为苏州富士胶片帮助残疾人就业是个案,还是其企业文化的体现?为什么?

三、实践活动

1. 联系实际,就如何在学校和社会履行自己的社会责任各写三句话,并在日常生活中践行。

（1）在学校：

① _____

② _____

③ _____

（2）在社会：

① _____

② _____

③ _____

2. 保护环境是每个公民的责任和义务。在班主任或任课教师的组织下,开展一次以环保为主题的志愿者活动,然后自编一份电子期刊或微页,报道活动情况,宣传环保知识。

3. 每学期参加一次由学校或社区组织的志愿者活动,体验帮助他人、服务社会的感受。

四、推荐阅读

1.《责任之道：企业社会责任优秀案例》（刘京、张秀兰主编,中国社会出版社2012年版）。

2.《企业的社会责任》（菲利普·科特勒、南希·李著,机械工业出版社2011年版）。

〔阅读体会或书摘〕